Raphaël Enthoven

Un jeu d'enfant

La philosophie

Fayard

ISBN : 978-2-213-63205-6

UN JEU D'ENFANT

pour C.

Le monde est beau et, hors de lui, point de salut.

Albert CAMUS

C'est une duchesse brisée d'osier sec, posée sur des ardoises, face à l'océan, dont les coussins tâchés par la résine accusent un bleu douteux. Elle surplombe une terrasse en graviers qui regarde l'île du Levant. Un petit lézard tombé du lit tente une sortie, à quatre pattes, puis rebrousse chemin sous les feulements de Taïpi, le gros chat centenaire qui hante la maison. C'est l'aube, et le début paisible du printemps. Rien ne bouge hormis la fumée d'une première cigarette, la mousse fragile et pugnace d'une bonne tasse de café, les ailes étiques des papillons de nuit, les épines et les pousses de lin penchées sur des briques encore fraîches. Le soleil n'est pas loin. Il a envoyé, en éclaireurs, deux cumulus de marbre rose qui s'étreignent à l'horizon. Une petite araignée vole sur un fil. Les fourmis rouges entament le dépeçage du Bombyx mourant tandis qu'une dernière chauve-souris titube dans l'air vif. Silence. Petits bruits du silence.

Le vent se lève. La mer se couvre de sébum. Le bateau de pêcheur qui stagnait sur une eau lisse avance maintenant au ralenti, comme un jeune homme qui tente, à coups de tête, de fendre une foule de vieillards. Quelques mouettes, sottes ou cartésiennes, se dressent contre le souffle, stagnent, avant d'admettre le sens du vent, de rejoindre la baie en planant. C'est le petit matin, tout est aimable à cet instant sauf, évidemment, les betteraves, l'art contemporain et les films d'Eric Rohmer.

Le père de mon père avait les épaules larges et me portait d'un bras. Il régnait sans partage sur la concession Citroën de Bois-Colombes où travaillaient les Algériens qui avaient choisi, en 1962, de quitter le pays avec lui. Il était fort et courageux. Je me souviens du jour où il avait calmement enlevé ses lunettes et cassé la gueule du Français de souche qui se moquait du pompiste Boujemah : « Ah, toi, tu sais pas lire, mais tu sais compter, hein ? » avait dit le type tout rose, juste avant de recevoir, sous mes yeux, un bon coup de boule.

Puis, un jour, mon grand-père vendit le garage et perdit la tête. Le bel homme fort qui souriait en silence, qui demandait « Qui m'aime ? » d'une voix chaude en ouvrant les bras pour qu'on s'y précipite, et qui mettait un soin particulier à nouer sa cravate pour partir au bureau, dans la brume, dès six heures du matin, se promenait désormais, tout nu, de la chambre au salon (« Allons, Papa, qu'est-ce que ça veut dire ! » s'indignait mon oncle Gérard, toujours tiré à quatre épingles). Je revois Edmond sortir d'un vieux secrétaire en bois verni quelques pages de compte au dos desquelles il dessinait d'une main tremblante les prénoms de ses enfants. Personne ne lui disait plus de tousser pour s'éclaircir la voix quand il énumérait pour la dixième fois les vertus de la dernière BX tandis qu'on lui tendait, les yeux humides, la cuillère bouilleuse qu'il avalait en gardant la bouche ouverte.

Edmond a été inhumé au cimetière Montparnasse, le 19 avril 1994, sous une stèle de marbre cendré. Je n'étais pas là. J'étais en Afrique, et mon père, qui m'avait annoncé par fax la mort du sien, avait inexplicablement négligé de me donner la date de l'enterrement.

Je me souviens d'un fou qui chassait parfois les pigeons, place de la Sorbonne. Il portait un pantalon kaki tâché de grandes auréoles mauves qui découvrait le bas des chevilles dès qu'il se mettait à courir ; quand les clients de l'Écritoire se moquaient de lui, le fou leur jetait un mauvais regard et, tournant le dos, il haussait les épaules à les accrocher aux oreilles, l'air de dire : «Je t'entends, connard! Je t'écoute et je m'en fous, moi le fou.» Étrange fou qui, doutant d'avoir *raison*, exigeait d'avoir des témoins à qui signifier son mépris. Qu'avait-il à prouver? À quoi bon l'étincelle de conscience, la petite musique du réel : «Tu es un fou, tu n'es pas normal, tu ne sens pas bon, tu baves en coursant les pigeons...»? Demi fou, fou malheureux. Il faut avoir perdu la tête pour être encore lucide quand on est déjà fou. Nous allons tous vers le pire, mais on y va moins vite quand on accepte de s'y rendre.

J'aimais le garage de Bois-Colombes. J'avais fait mon terrain de jeu du monolithe vitreux qui écartait les immeubles de ses bras métalliques. Le parquet sentait le propre, le garage sentait l'huile et le caoutchouc, la pompe sentait l'essence, et les bureaux, le tabac froid; derrière chaque vitre on trouvait un téléphone à cadran, un bouquet de fleurs en nylon, un employé harki sous un calendrier ringard de chevaux lâchés au galop dans le désert. Je n'y manquais de rien. J'étais l'enfant chéri, le gardé du temple, le rideau qu'on tend sur un mur, et je faisais l'important. Je jouais à l'aventurier qui se cache, j'étais l'animal à l'affût qui regardait, l'œil en coin, les essieux, les jantes, les ouvriers, les pare-chocs... Je trottinais partout, comme un chat s'étire, lèche sa patte et se la passe sur l'oreille, avant d'attaquer une puce avec les dents. Trois, deux, un, soleil! Je courais les pieds en canard, les mains dans les poches et le ventre en avant sur le parquet ciré, traitant, sans qu'ils me vissent, les employés comme mes égaux, faisant de l'œil à tout humain – client, garagiste ou voisin – à qui mon grand-père donnait du «Monsieur» dans un raclement de gorge. Enfin, j'étais heureux, le monde m'appartenait; mon patronyme luisait en capitales d'imprimerie sur un mur mitoyen de briques rouges, j'étais chez moi.

Dix ans après, je m'accoudais, tous les matins, au comptoir du Vavin, à l'angle de ma rue, pour y réclamer le «p'tit café» dont je n'avais pas besoin et allumer ma première cigarette en me lissant les gencives comme le faisait mon grand-père à la fin du déjeuner, qui chassait d'un claquement de langue le grain de couscous ou la relique de salade, après avoir répondu « s'il te plaît » à ma grand-mère qui lui proposait, justement, un café.

C'était l'heure où le sol s'ouvrait, dans un bruit de rouille, pour laisser passer le monte-charge et ses cageots de plastique verts tandis que, tout en prêtant l'oreille à la rumeur de la benne à ordures, je scrutais mon reflet dans le sucrier convexe et les cercles secs de l'ammoniaque sur le comptoir doré. « – Comment va-t-il ? – Et toi, Claude, comment vas-tu ? – Tu vas bien ? – Bien. – Bien ? – Bien. » J'avais quinze ans, je feignais tout, je voulais être un habitué. Qu'il fasse chaud, qu'il fasse froid, je serrais ma petite tasse comme une bouillotte, mendiant en secret l'onction des clients du matin, marqués par la vie, dont les gestes parfaits n'étaient là pour personne.

Aujourd'hui, j'ignore encore si c'est l'émotion qui tord mon visage ou si, comme la foi vient en priant, je finis par éprouver ce que je commence par feindre. Le fait est que l'histoire de ma vie a longtemps eu la peau lisse du jeune homme qui ne déçoit pas.

Le dimanche, à Bois-Colombes, on déjeunait dans l'appartement de Bernard et Arlette, frère et belle-sœur d'Edmond. Chinoiseries, moquette marron, commodes fragiles de mauvais bois, carreaux verts sur les murs et télévision toujours allumée. Là-bas, j'étais le guignol d'un public de choix. Je faisais aux manants la faveur de ma présence, avisé, d'un regard de mon père, qu'il ne faudrait pas *s'en tenir là*, que mon avenir méritait *mieux que ça*. J'étais l'héritier qui s'attable chez le concierge du château. J'exhibais mes bonnes notes comme on fait des vocalises devant un parterre de cancéreux. Ma place serait ailleurs : ils étaient de ma famille sans être de ma tribu. C'était le début de ma formation, je faisais mon stage de demi-dieu. Vint le jour où je leur tournai le dos comme on tient son rang, comme on baisse les yeux.

Bois-Colombes, donc. Un dimanche de gigot d'agneau dans le monde poisseux des pieds-noirs de ma famille. « Donne ton assiette, petit... – Tenez, monsieur. – Tu vois, le monsieur qui te sert était mon professeur... » dit alors mon père, avec une pointe de déférence qui me fit rougir de l'avoir mis d'abord, faute d'informations, dans le même panier que les autres. Le « monsieur » s'appelait « Deleuze ». Il portait un gilet vert et des joues molles qui noyaient sa mâchoire, et il avait effectivement enseigné les mathématiques à mon père qu'un rhumatisme articulaire privait d'école pour un an. Ce Deleuze-là n'était que le père d'Arlette, mais j'ai mis des années à ne pas le confondre avec l'autre Deleuze, Gilles Deleuze, le philosophe ennemi de la bêtise, dont les œuvres remplissaient une étagère, au moins, de la bibliothèque paternelle. En vérité, je crois que j'ai fait la différence trop tard entre les deux hommes pour que la trace laissée par Deleuze premier, Deleuze-gigot, ne l'emporte pas définitivement sur la connaissance standard de Deleuze second. Quand je me demande pourquoi Gilles Deleuze, dont j'ai bien lu quelques livres, m'a toujours semblé un peu dégoûtant, c'est le souvenir du matheux gras qui me sert de réponse. «Deleuze» – pour moi – c'est l'Algérie ou ce qu'il en reste; la pergola de leur maison de riches, mon petit bonhomme de Papa dans sa jolie Citroën, terrifié par des garçons hilares – lui pieds noirs, eux pieds nus – qui lui tournent autour en secouant la voiture avant qu'Edmond, redoutant qu'on agresse son fils, ne fasse pleuvoir les coups sur leurs petites figures. Deleuze, c'est la terre natale où je ne suis pas né (je n'ai longtemps aimé du monde arabe que les serpents endormis), Deleuze, c'est l'illettrisme, la colonisation, le refus des origines et les remparts de Mascara dont, comme à Jéricho, Edmond faisait sept fois, le soir, le tour au pas de course. Deleuze, c'est «l'arabe-auto» face à l'école de Mascara, dont la bouche faisait crisser des freins imaginaires; c'est l'attentat dans le cinéma qui projetait *Moby Dick*, dont un connard de l'OAS avait inversé les lettres pour y écrire «Mody Bic». Deleuze, c'est l'autre caste de mon sang, c'est mon identité moisie, les intouchables de ma famille, les fellaghas qui sodomisent un préfet en pleine rue, et mon père, encore et surtout, petit homme chétif au milieu des colons imbéciles et des arabes haineux. Je me souviens de ma détresse à table, à Bois-Colombes, le jour où j'ai compris qu'il y avait aussi, dans ma famille de petits juifs sans drame, des gens que leur judaïsme – ce privilège – n'empêchait pas d'être racistes, bêtes et méchants.

Qu'il s'appelle Gilles, Arlette ou «Monsieur», mon Deleuze à moi, c'est le nom des miens, l'extrême gauche et l'extrême droite mélangées dans des joues flasques. C'est Madame Maurel qui, parce qu'elle avait enseigné à Oran, tapait (malgré elle) en rythme avec sa règle «ta ta ta... ta ta!» («Al-gé-rie française!»). Deleuze, c'est l'Amérique du Sud à Paris, la gueule du Che sur des pulls verts, les restos U, les repas sans serviette au tabac brun, les femmes assises par terre dans un amphi de fortune et, de façon générale, tout ce que la gauche fait de pire. Deleuze n'est pas de ma paroisse : son vilain patronyme entrelace le mépris des arabes, l'antisionisme primaire, les mélomanes qui bavardent, et la viande Citroën. Deleuze, c'est l'horreur, la gauche de la gauche, les pulls mauves et les dents jaunes. Deleuze, c'est l'Islam. Deleuze, c'est le cauchemar de Papa.

Je n'aime pas Deleuze, donc. Et comment pourrais-je? J'ai beau le trouver génial, je ne le lis jamais sans le sentiment de transgresser une loi toujours en vigueur. Quand je palpe la couverture orange de *Différence et répétition,* quand je l'ouvre au hasard, j'ai malgré moi l'impression de lécher la plante des pieds-noirs, de serrer la main de leurs esclaves, ou de plonger des doigts sales dans un gigot trop cuit. Peu importent la «bêtise», l'«image dogmatique» et les «petites perceptions», les «rhizomes», les «machines désirantes», les «extases du corps» et tous ces trucs marrants; Deleuze a beau lire les philosophes en artiste *anexact,* montrer qu'on peut être fidèle sans être identique, et décrire, mieux qu'Aristote, la matière avant la forme, son talent ne fait pas le poids devant un souvenir d'enfance. Quelques années d'études en philosophie ne supplanteront jamais le dégoût qu'une homonymie absurde a spontanément ancré dans mes synapses de fils parfait. Plus je le trouve intelligent, moins je décroche de la phobie qu'il inspire à l'enfant que j'étais. Deleuze est excellent mais il m'écœure, il sent la poussière, la moutarde chaude et les gorges mal raclées. Je devrais, mais je ne l'aime pas; je l'aime, mais je ne devrais pas.

La rue Soufflot. Ses librairies de droit, sa crêperie minable, ses pubs huileux, son gros cul Panthéon, ses grilles de jardin, ses fast-foods délicieux.

C'était l'hiver, tous les matins, quand je la remontais, plein d'espoir, au son d'un walkman volumineux qui me récitait du latin sous le décor immuable et mobile des grilles qui s'ouvrent et des vitrines qu'on nettoie. J'arrivais dix minutes plus tard à la cafétéria du lycée Henri-IV dont les néons d'aéroport nous faisaient une sale gueule (j'aime les néons, ils s'allument en bégayant, ils ronronnent en brillant, ils veulent bien faire mais ils abîment les yeux ; ce sont des maladroits). Pour 2,50 francs, le liquide marron clair tombait en jus de pisse mousseux dans des gobelets tout rouges pendant que j'enlevais l'aluminium d'un paquet de vingt

Marlboro vierges pour en choisir une à l'aveugle et l'allumer comme on sort la tête de l'eau.

Le bout de Cigarette grésillait sur un café fumant; pour un peu, j'aurais presque entendu la rumeur de la rue, le cliquetis des cuillères, les borborygmes des buveurs de bière, le souffle chaud de la buse à crème scandé par les claquements d'un flipper... je tétais sans penser, le temps retenait son souffle et c'était délicieux. Qui fume déserte et se repose. Chaque cigarette est un clin d'œil, une courte vacance, le congé d'une minute, l'exil fugace d'une conscience exténuée. Fumer, c'est mettre le sablier à l'horizontal : la cigarette est une trêve divine, une joie malhonnête, le sixième doigt que toute la main protège et qui guérit les hommes de la douleur d'attendre, un privilège universel, enfin, offrant à qui le souhaite la possibilité plusieurs fois quotidienne de tuer le temps. Qu'importe, après cela, qu'elle raccourcisse la vie?

«Ô temps, suspends ton vol!» gémit Lamartine. «D'accord, mais pour combien de temps?» répond Alain. Il est fou de croire que le plus important n'a pas encore commencé. Tout homme a déjà sauté de l'avion et tourne sur lui-même en attendant la fin.

Quand le bout de ma clope en attaquait le filtre, l'heure était venue : je ramassais mon sac, le vieux mégot crissait au fond du gobelet, puis je partais en classe avec dans la bouche, la gorge et les narines, un reste de fumée qui, survivant à sa cause, me rappelait les poils de barbe que feu mon grand-père avait laissés entre les lames d'un vieux rasoir qu'à cet égard j'ai longtemps refusé de rincer.

J'étais en hypokhâgne, salle 10. Monsieur A. venait y cracher sur Maupassant et parler du «héros dialectique de Corneille» en lissant la mèche mao qui lui couvrait encore les deux tiers du front; Monsieur L. racontait la Seconde République en évoquant pieusement «l'école dite normale, réputée supérieure» où lui-même, à ma connaissance, n'était jamais entré; Mademoiselle K. racontait Othello et le désir mimétique, Monsieur D. disséquait Cicéron, enfin, Monsieur M. (Bosniaque ou royaliste ?), la fleur de lys à la boutonnière, décrivait en russe, à la fin de la journée, la vanité de toutes choses et les états d'âme de Lermontov. A., L., K., D., M... J'étais nul en français, misérable en latin, j'étais faible en histoire, j'avais de sales notes en anglais, je parlais un russe de cuisine; je n'étais pas à ma place. L'érudition de mes voisins me terrifiait. J'étais largué dans le désert avec, pour seule gourde, la peur d'y cuire. Il fallait donner le change ou renoncer; comme j'étais courageux, je me mis à tricher pour faire durer l'illusion que ma place dans la cage, au milieu de ces bêtes qui parlaient d'« occlusives » et lisaient Kant en allemand, n'était pas usurpée. C'était difficile. Tel un maquilleur soudain chargé d'une rhinoplastie, tel Romain Gary jeté sur un court de tennis face au roi de Suède alors qu'il tient une raquette pour la première fois, je colmatais, je recopiais, je maquillais, je me rongeais les ongles, je bossais, volets clos, pour une place au soleil et, pour me détendre, je creusais à la pointe du stylo les rainures de nos vieilles tables. Je lisais les résumés, les anthologies, les synthèses, les fiches de mes concurrents, j'avais dans ma besace des paquets de poudre aux yeux.

Mais le mercredi, c'était philosophie.

De septembre à la Toussaint, Jacques Darriulat ne nous parla que du *Mémorial* de Pascal.

C'était il y a trois cent cinquante-deux ans, le lundi 23 novembre 1654, de vingt-deux heures trente à minuit. Blaise Pascal avait trente et un ans – et mourrait huit ans plus tard d'une tumeur à l'estomac – quand il fit l'expérience inouïe du «Dieu sensible au cœur» et rédigea dans l'allégresse les trente-deux lignes d'une page folle, tissée comme un collage, une addition de sentences bibliques où repose peut-être, mystère à ciel ouvert, le plan d'un livre qu'il n'écrirait jamais.

«Certitude. Certitude. Sentiment. Joie. Paix... Oubli du monde et de tout, hormis Dieu... Joie, joie, joie, pleurs de joie...» (Je me souviens de Justine, alors ma femme, qui s'endormait aux anges quand je le lui susurrais comme une chanson sans rimes.) «DIEU d'Abraham, DIEU d'Isaac, DIEU de Jacob, non des philosophes et des savants... Mon Dieu, me quitterez-vous?... je l'ai fui, renoncé... éternellement en joie...» Le texte du *Mémorial*, trouvé en deux exemplaires cousus dans le pourpoint du vêtement que Pascal portait le jour de sa mort, ne contient pas une phrase qui ne soit celle d'un autre. Il n'est pas donné à tout le monde d'être un autre.

En ce temps-là le philosophe était plutôt déprimé, secrètement étranger aux ferveurs de son temps, juste bon à briller devant les marquis et les libertins. Mais le désarroi face aux nains rend perméable à l'hypothèse du vide. Quand les hommes se regardent, Dieu les ignore et Pascal s'ennuie. À ceux qui, les yeux bandés, préfèrent les petites morts au salut de leur âme, le grand triste enseigne que nous sommes nés par hasard entre deux infinis. Tout homme est un titan minuscule, infime et gigantesque : « S'il se vante, je l'abaisse, dit-il ; s'il s'abaisse, je le vante et le contredis toujours jusqu'à ce qu'il comprenne qu'il est un monstre incompréhensible. » Descartes proclame : « Je suis, j'existe ! », Pascal parle néant, et murmure qu'il n'est rien. « C'est moi ! » disent-ils à l'interphone, mais pour qui se prennent-ils ?

Ne lisez pas trop Pascal si vous êtes de ceux qui vont à la mort en tenant à la vie : « Nous courons sans souci dans le précipice, après que nous avons mis quelque chose devant nous pour nous empêcher de le voir». Pascal, c'est un penseur de formation mondaine qui, après avoir passé l'après-midi rue Cambon chez Chanel à voir les hommes s'entre-flatter, croiserait son vieux professeur sur le chemin du retour et se plairait à penser – ce qui n'engage à rien – que la vraie vie n'est pas dans les jolies robes, mais dans les vêtements de fortune du savant.

La vie est une maison close, une prison ouverte, une aventure sans témoins qui laisse à l'armée des coupables involontaires l'alternative du sérieux ou de la frivolité, c'est-à-dire le choix de penser à la mort ou bien d'en écarter l'idée «comme on s'efforce, dit Nicolas Grimaldi, lorsqu'on part en vacances, de ne pas penser au moment du retour». Certains, sachant la vie courte, se donnent pour seule règle d'en profiter; d'autres, espérant la vie éternelle, se privent de plaisir avant de mourir. Chacun son truc. Le religieux méprise le temps au nom de l'éternité; l'hédoniste perd son temps à vivre, dans l'angoisse, chaque instant comme si c'était le dernier. Mais prière ou Priape, qu'importe. Si Dieu n'existait pas, l'homme d'Église serait un grand vivant, et si Dieu existait, l'hédoniste serait archevêque. Ainsi «l'attitude la plus commune, ajoute Grimaldi, consiste-t-elle à se garder d'élever jamais son regard vers l'horizon» – c'est-à-dire plus loin que le bout du nez, moins loin que l'au-delà.

On dit des grands professeurs qu'ils apprennent à penser par soi-même. Et après? Penser par soi-même est la plus sûre manière de penser à la fois tout seul et comme tout le monde. En faisant résonner dans mes oreilles de dix-sept ans, d'une voix douce comme la paume d'une main, les désaccords inouïs du vertige pascalien, Darriulat m'a appris à penser par autrui.

Que reste-t-il au Diable si c'est l'homme qui le manipule? À quoi pense l'«être» conscient, soudain, qu'il est le personnage d'une pièce ou la fantaisie d'un romancier? Où a-t-il la tête, celui dont la conscience découvre non pas (comme elle voulait y croire) la certitude d'être quelqu'un, mais, au contraire, le sentiment d'être un néant caché par des doubles de façades? Les hommes veulent bien être commandés, ils se prennent même volontiers pour des créatures de Dieu, mais ils acceptent moins, curieusement, d'être le rêve d'un autre. J'imaginais, tout en prenant des notes, une discussion avec le Diable, passée à le convaincre qu'il n'existe pas ailleurs que dans mon cerveau malade. Je me disais que si Dieu Lui-même gravait des lois sur une table et m'adressait la parole à travers un buisson ardent, j'aurais alors la tâche pénible de le rappeler à la raison : « Puisque Tu es là et que Tu me parles, c'est qu'il y a plus vaste que Toi et que Tu n'es, par conséquent, pas plus divin que moi. De deux choses l'une : soit Tu es au-delà, et alors Tu n'existes pas ; soit Tu existes, et alors Tu hérites, Toi aussi, du triste privilège de n'être que Toi-même et personne d'autre, bla, bla, bla... » Le Diable et le Bon Dieu étaient mes peluches tardives, les objets transitionnels d'une adolescence érudite.

Darriulat parlait du « moi » comme d'une « chute », de la vie comme d'un songe, et du mythe de la caverne comme d'un « catéchisme ». Puisque la définition d'un mot, disait-il, n'en donne jamais le sens, alors le sens est un « cercle » dans lequel il faut choisir de sauter. J'entendais, dans un même élan, qu'il était fou de verser dans l'absurde, mais que l'idée de sens était elle-même un sophisme insensé qui, partant du principe qu'on peut à l'infini poser la question «pourquoi?», en venait à conclure (mais pourquoi?) qu'il fallait bien y répondre une fois pour toutes comme si, pour commencer quelque chose, il fallait d'abord s'arrêter quelque part. L'existence de Dieu est aussi nécessaire qu'inexplicable; libre à chacun de choisir le refuge d'une certitude, ou le refus des compromis. Le passage à la vérité n'est qu'une grâce consentie par un Dieu qui se cache, une inclination du cœur qui surmonte le vide, une croix de lumière où la raison s'enroule comme le serpent sur un arbre. Les principes se *sentent*, dit Pascal, et le sens est un cadeau, comme l'inspiration.

Darriulat multipliait les infinitifs : il disait «l'être», «l'exister», «le devenir», «les paradoxes de l'apparaître»... et je comprenais, pour la première fois, que ce n'était pas seulement de l'affectation. Dire «l'exister», c'est rendre à «l'existence» la vitalité dont l'ampute le nom commun qui la désigne. «L'apparition» est à «l'apparaître» ce que l'habitude est à la surprise. Les substantifs sont des reliques, alors que les verbes décrivent des mouvements. Produire de la vie avec les outils laborieux du langage est aussi difficile que fabriquer une courbe en juxtaposant des segments. Philosopher à coups d'infinitifs n'est donc pas une posture d'esprit jargonnant, mais la tentative insolente de résumer au présent, d'un mot, tout un geste. Plus Darriulat était abstrait, plus il donnait du corps à la pensée.

J'écrivais sous sa dictée, j'accumulais des kilos d'étincelles, les doigts bien écartés sur la feuille, comme le sculpteur maintient, d'un bras, le bois qu'il creuse de son burin. Joie, joie, joie. Sous les pavés, le soleil. Sous la philosophie, la vie. Sous la misère de l'homme sans Dieu, le vertige de la liberté. C'était de la folie douce. Le seul équivalent que je trouve à ces matinées d'ivresse est le jour béni où, jouant sous ma douche, j'eus soudain le sentiment de mettre les mains sur un secret magnifique.

Mais peu à peu, je me suis fait à l'extase. J'étais fier et content de me sentir, à dix-sept ans, moins que rien, comblé par l'anti-certitude d'être né tel jour dans un monde qui s'en fout... mais surtout je n'avais plus peur d'aller en cours : au bout de quelques mois, le mercredi n'était plus que le jour de la semaine où je perdais la tête. On s'habitue à tout.

On s'habitue au plaisir, à l'alcool, au tabac, à la mort des autres, au froid, et même à la passion. On vit au jour le jour, on bannit la nouveauté, on s'endort dans la routine : on ne se suicide guère, on *s'habitue*. Comme des hérissons qui s'enroulent sur eux-mêmes en cas de menace, les mortels deviennent des routiniers de l'existence que leurs enfants déçoivent et qu'un verrou rassure. Avec l'habitude, le cœur bat plus lentement, le temps passe plus vite. L'habitude fait des vies courtes avec de longues journées. L'habitude, c'est l'ennui sans le savoir.

Seulement, tel un virtuose dont les doigts ne lui obéissent plus dès qu'ils se mettent à jouer, ou tel un funambule qui ne se demande jamais – sous peine de tomber – pour quelle raison il marche sur un fil entre deux falaises, l'habitude, qui dilue la conscience dans le quotidien, lui donne en retour, et dans le même mouvement, la précision de l'instinct. L'habitude est ambivalente : elle abrutit mais elle affine, elle endort la tête mais elle éveille les doigts ; elle fait de l'homme une chose mais elle donne au corps la puissance des machines et l'inconscience des fous. Quand il fait le pitre sur un pied, quand il visse des boulons, l'automate a la grâce du funambule. La liberté commence quand on accepte les causes qui nous précèdent, et la grâce advient quand on meurt à la conscience de mourir. En se chosifiant par l'habitude, l'ivrogne dépérit, le fumeur se tue à petit feu, le penseur se fait pantin, mais le pianiste gagne en finesse, et l'écrivain en précision. En exilant la conscience, l'habitude la conduit au seuil du séjour où la vie s'éprouve sans se penser, là où les démonstrations deviennent des aphorismes, où les idées se transforment en poésies. Comme la vague et le ressac, l'habitude témoigne du double mouvement de volonté et de représentation dont palpite le monde. L'habitude noie la synthèse dans le mélange, et enseigne, par le seul exemple d'une vie, que l'univers est indéfiniment à la recherche de son unité. L'habitude donne l'Être à connaître autrement qu'en le digérant ; elle est l'écrin de l'imprévu, le commencement de l'insouciance, l'impensée mobile qui prépare à l'inédit.

Le réel ne reviendra pas, puisqu'il est déjà là.

Quelle que soit la couleur du ciel, le vent souffle derrière le Panthéon, au carrefour de la place des Grands-Hommes et de la rue Clovis. Mais j'avais beau m'y attendre, j'étais stupéfait, le matin, en débarquant sur l'esplanade, de sentir la caresse bourrasque. «Ah, oui! le vent...» comme si, depuis la veille, je m'étais empressé de l'oublier. J'avais beau, d'instinct, mettre les mains dans les poches après avoir remonté le col de ma veste pour en devancer la fraîcheur, le vent prédit n'arrivait jamais au talon du vent lui-même, du vie-vent, petite claque malicieuse qui trouvait toujours, en soufflant pour de vrai, le moyen de déjouer l'attente, d'humilier la prédiction. Étrange rendez-vous quotidien dont chaque épisode était un peu, chaque fois, la première fois. L'étonnement vient non pas de l'imprévu, mais du fait que les choses arrivent comme on les a conçues. Tout est constamment nouveau sur la terre des sans-ailleurs ; un homme averti ne vaut rien. « La réalisation, dit Bergson, apporte avec elle un imprévisible rien qui change tout. Je dois, par exemple, assister à une réunion ; je sais quelles personnes j'y trouverai, autour de quelle table, dans quel ordre, pour la discussion de quel problème. Mais qu'elles viennent, s'assoient et causent comme je m'y attendais, qu'elles disent ce que je pensais bien qu'elles diraient : l'ensemble me donne une impression unique et neuve, comme s'il était maintenant dessiné d'un seul trait original par une main d'artiste. »

Il y a deux façons de s'étonner : la première consiste à fuir les apparences pour s'élever jusqu'aux réalités absolues qui, paraît-il, ne mentent pas. La seconde revient à s'affranchir des lieux communs qui s'interposent entre le monde et la conscience, pour accéder à la réalité toute nue. La première s'attache à regarder ailleurs, la seconde s'évertue à regarder à bout portant (quand le sage lève le doigt, l'imbécile regarde la lune). Il arrive, bien sûr, que le vent ne souffle pas, mais chaque fois que je débarque place du Panthéon je guette ce tourbillon comme un ami volatile qui viendra me surprendre parce que je l'attends.

Sans Dieu, l'amour s'estompe, la perfection n'est pas de ce monde et le ciel est toujours différent : chaque moment porte en lui-même le soupçon de n'être pas vraiment la suite du précédent. Quand Dieu est mort, l'homme ne vit qu'une fois, mais c'est la vie toujours recommencée, l'incertitude comme discipline et le doute comme certitude. Rien ne demeure, tenons-nous en là. Sans Dieu, tout est neuf tout le temps, et toute sagesse est contenue dans l'art de vivre chaque instant comme s'il était le premier.

Il est quinze heures, le soleil est chaud comme la mort, les îles flottent dans la brume, ça sent la cigale et le thym, c'est l'heure de la sieste et d'une quinzième cigarette sur un ventre bien tendu. Quinze heures, c'est le mois d'août.

Lumière stagne.

La terrasse est muette. Les rochers fument. Les tortues ronflent au fond du bassin. Trois avions ronronnent à la surface d'un ciel en fusion, qui forment de leur sillage une gerbe au-dessus des pins parasols et des bougainvillées. Il faut quelques secondes pour que l'eau reprenne son calme après le passage d'un navire, mais quand on est au ciel, le temps passe moins vite, les nuées embellissent, les volutes cisèlent lentement des arabesques plus fines sur la toile bleue.

Quinze heures, c'est le début de l'après-midi, le milieu de nulle part, l'heure haïe des écrivains qui ratent leur vie pendant que les journalistes – ces écrivains d'une journée – sont à la moitié, déjà, de leur article. Quinze heures, c'est, dit Sartre, «toujours trop tard ou trop tôt pour tout ce qu'on veut faire», c'est la minute où la paupière tombe sur l'œil qui s'ensable quand tous les autres sont attendus quelque part. Quinze heures. Volets clos. Cendrier pot de yaourt, frigidaire vide, café froid, Coca chaud. La vie d'un écrivain est triste comme un tour de France sans dopage. À quinze heures, il achète les journaux, il scrute les façades, il fume à s'exploser le cœur, à s'abîmer les dents, il sort, il pleure, il rentre, il tourne, il sue, il téléphone, il souffre, il attend la nuit, la fraîcheur et, avec elles, sa rédemption, le droit régalien d'être un loup.

«Il est quinze heures, vous ne composez plus», disait une voix de météo, dans les enceintes du hangar où nous étions deux mille à passer le concours d'entrée à l'École Normale. Quinze heures, c'est l'heure où le candidat du premier rang recopie à toute vitesse une conclusion bancale en levant des yeux inquiets vers l'appariteur qui arrache déjà la copie de son voisin immédiat. «Allons, Mademoiselle, c'est fini. – Voilà, voilà ! – Monsieur, si vous écrivez un mot de plus, je vous laisse votre copie. – Tenez ! – Non, c'est trop tard ! – Mais tenez, je vous dis !» Quelques menaces, quelques drames sonores donnaient aux chanceux que le hasard avait placés au milieu des rangées le temps de finir tranquillement leur dissertation. Douce injustice. Ce jour-là, j'avais eu pour sujet «le désir et la loi». J'avais parlé de Rousseau, les autres avaient parlé de Lacan ; c'est eux qui avaient raison mais les correcteurs, heureusement, n'étaient pas de cet avis.

À l'agrégation, j'étais tombé sur «la connaissance du singulier» (ce qui prouve, une fois de plus, que les jurys de philosophes sont trop paresseux pour se donner la peine de rédiger une question). La connaissance du singulier ; quatre mots sur une page blanche, dont dépendait le tiers de ma note finale. Deux années d'un labeur acharné, deux ans à manger de la métaphysique allemande pour me casser la tête, un jour d'avril, sur «la connaissance du singulier». Mais qu'est-ce que ça veut dire ? La connaissance du singulier, jeune homme. Allez, zou ! Traitez-moi ça… Fainéants. J'avais sept heures devant moi, tic tac tic tac.

Imaginez un inconnu qui entre chez vous pour y casser la tige de l'orchidée que vous venez d'installer dans le salon, puis qui ressort en vous tirant la langue au passage.

Le singulier ? L'étrange et l'unique à la fois. Non pas le cas particulier qui suppose un système et des règles avant lui, mais le mystère, l'imprévisible, l'indéductible et donc l'inconnaissable. Là est le hic.

L'examen se passait à « Arcueil », dans la salle truc, au cinquième étage d'un immeuble à l'amiante. Je me souviens du caoutchouc des marches bleues, des appariteurs en cravate de flanelle et costume gris. Les tables étaient d'un beige suspect, les murs étaient blancs comme les lattes d'un cercueil de fortune. Le tout n'avait pas de couleur et sentait le propre. C'était l'odeur de la République, de l'égalité, de l'anonymat. C'était le purgatoire. Le seul réconfort auquel j'avais droit dans ce lieu sans âme était d'y trouver, comme par miracle, une étiquette avec mon nom qui ornait l'une des trois cents tables, en haut à droite, et me donnait le sentiment d'être attendu quelque part, d'avoir un peu rendez-vous avec moi-même, d'avoir une place, enfin, dans ce trou blanc.

Dans les bâtiments de l'État, l'interdiction de fumer, cet attentat légal, était déjà largement en vigueur. Certains gardiens de la foi tentaient même, la première heure, de faire respecter la loi, avant de s'incliner devant l'usage («Allez dans les toilettes, je ne veux pas le savoir»). Mais, malgré les obstacles, les cigarettes d'examen n'avaient aucun goût. Je les fumais, sans y croire, comme une obligation de l'intelligence, pour me convaincre que c'était l'instant de la pause et accompagner la banane, le verre d'eau, les courbatures et le carré de chocolat.

La connaissance du singulier...

Dieu est dans les détails. Le singulier est trop précis, trop simple pour le langage, trop fin pour les moufles du concept. Le singulier – ou le réel – est une cible qu'il suffit de viser pour la manquer. Le singulier, c'est le morceau de pain dont, à la fin du combat, il ne reste que les miettes. Les mots sont une chose, les choses en sont une autre, et qui veut, par les mots, dire ce que sont les choses, trébuche et se casse le nez. « Le singulier n'est pas unique, dit Clément Rosset, en tant qu'il serait insolite ou étrange, mais insolite et étrange en tant qu'il est unique. » Le singulier, c'est le temps. C'est l'indicible qui, par miracle, survit parfois aux mots qui le désignent, comme il arrive, par miracle, que l'amour survive à sa déclaration, car il arrive, *en un mot*, que le passage au langage ne soit pas la fin du monde mais son écho loyal. Certes, « le plus sûr des mutismes, dit Kierkegaard, n'est pas de se taire, mais de parler », mais certains génies, quelques héros savent, en *d'autres* termes, l'art quasi-musical de dire le singulier autrement qu'en se taisant. Il arrive, d'un sourire du hasard, que l'émotion et la connaissance déposent les armes et s'entendent à produire de concert le plus beau des mouvements. Un tel armistice est le privilège des artistes (et des grands professeurs), c'est une trêve, c'est Amsterdam blanche sous la neige avant la boue du lendemain. C'est Bergson, c'est Maître Eckhart, c'est l'art du singulier, c'est l'expérience intérieure, l'instant plein d'inconnues, ce sont les mots qui caressent et l'étrange liberté qu'un spectateur ne connaît pas.

Dring.

Quinze heures, déjà.

Entre-temps, j'avais un peu compris ce que « singulier » voulait dire, mais j'ai eu quatre sur vingt. Ça m'apprendra à réfléchir pendant un examen.

Je me souviens d'une Madame, étendue le long de la piscine d'un grand hôtel tangérois, qui disait au téléphone combien la mort de Gianni Versace lui avait brisé le cœur : « *Yes, I know Gianni's dead! It's horrible! Did you know I used to be a model for him?...* »

Qu'est-ce que la mort d'un homme quand ceux qui en parlent savent eux-mêmes que la mort les attend et qu'en un sens elle est déjà là? Madame au téléphone voulait avoir vingt ans, alors elle faisait l'enfant. Madame au téléphone voulait ne pas vieillir, mais elle se maquillait pour acheter son pain. Madame au téléphone ressemblait à Touya, « Monsieur Touya », à qui Bernard faisait la grâce de l'admirer quand il murmurait, bien fort, à l'oreille d'un serveur chez Lipp : « Si Chaban me réclame, dites que je ne suis pas là.» Elle ressemblait à ma voisine, rue Notre-Dame-des-Champs, une vague Bourbon qui se faisait appeler «princesse» par la gardienne de l'immeuble et mettait ses bijoux pour prendre son cabas : les gens pathétiques sont toujours un peu dignes. Telle une veuve sans enfants, bien apprêtée, qui fait ses courses tôt le matin, achète une laitue, une tranche de jambon, une grappe de tomates et son journal avant de rentrer chez elle, à neuf heures et quart, et de s'asseoir dans un petit salon pour y regarder les meubles, Madame au téléphone voulait encore faire l'amour au soleil et mêler sa langue à l'eau glacée des fontaines, mais elle en était là, maintenant, avec l'avenir dans le dos.

Moi aussi, un jour, tout comme Madame, je me suis rasé de près et j'ai mis ma plus belle cravate pour aller à Matignon fêter les vingt ans de l'élection de Mitterrand. J'avais tellement peur, j'étais si désemparé qu'à quinze heures, un jour de semaine, je m'étais impeccablement habillé pour communier avec des momies dans le souvenir d'un homme douteux.

Mon cousin, Nicolas, qui donnait sans compter l'amour qu'il n'avait pas reçu, est mort un jour de février d'une overdose de somnifères noyés dans du calva. J'avais d'abord cru à un accident, ou un meurtre, un hasard, mais pas du tout : il avait lui-même acheté la boîte à mort, dit au revoir à tous les clients du dernier café de la rue Doudeauville, monté deux étages de marches moches, débouché la bouteille, ouvert les boîtes, mis les cachets dans sa paume et avalé le tout en fermant les yeux avant de vomir et de s'étouffer. Mourir n'est pas facile, s'endormir non plus. Combien de suicidés ont oublié que leur geste risquait de leur coûter la vie ? Regarde-moi, regarde-moi, je vais mourir... dit-il, l'arme à la main, juste avant de rater son coup et de mourir comme un con, pour de vrai. Je vais mourir, tu parles. Et qu'est-ce que tu espères ? Pour qui tu te prends ? Va mourir, connard. Va mourir si tu veux, on meurt de toute façon. Ce n'est pas ton suicide qui te sauvera la vie.

Tout homme vraiment généreux désire, de toute son âme, que personne ne soit triste le jour de sa mort.

Nicolas n'avait que trois ans quand son père l'a abandonné entre les mains de sa mère, une despote au prénom ferroviaire dont les cheveux bruns étaient devenus roux après l'apparition des premiers cheveux blancs. Il n'a revu son père qu'une fois, à l'âge de quatorze ans. C'était une fois de trop, dans le salon d'un grand appartement rue Saint-André-des-Arts, dont les lattes du parquet baignaient depuis des siècles dans l'urine de chat. « Mon fils, je suis content de te voir », répéta le fuyard, les yeux dans les yeux, une main sur chaque épaule de sa victime. Nicolas n'est pas né orphelin, c'est un orphelin d'adoption.

Le jour de l'incinération, Micheline, nécrophage, s'empara de ses cendres et les répandit dans la baie de Monaco, scellant sans scrupule – et contre la volonté de son fils, qui voulait être pulvérisé à

hommages et des évidences que les vivants déversent sur une histoire toute faite, un tombeau tout neuf.

Pour une fois, malheureusement, Sartre avait raison. Quand il mourut lui-même Sartre mourut deux fois, et la presse le dévora tout chaud. Pas un quotidien, pas une feuille de chou, aucun hebdomadaire, national ou régional, de droite ou de gauche, n'omit de lui consacrer ses bonnes feuilles, dans des nécrologies qui parlaient de «liberté» mais qui, pour l'essentiel, étaient déjà rédigées depuis sa première attaque cérébrale, sept ans plus tôt. D'Athènes, de Caracas, de Rome, du Caire, de Londres et de Jérusalem, de Pékin, de Belgrade, de Madrid, de Buenos-Aires, de Tokyo, de Budapest et même du Vatican, les éditorialistes et les témoins, enfin débarrassés de l'agaçant polymorphe, purent le figer à l'envi dans la posture idéale de l'insoumis-refusant-le-Prix-Nobel-quand-ses-contemporains-cèdent-aux-honneurs, et lui assigner, sans risque, l'identité fatalement postiche d'«intellectuel engagé». Ce fut une curée, une orgie papelarde : une fois Sartre silencieux, une fois Sartre impuissant, la bêtise eut le champ libre et, le couvrant d'éloges, fit de lui un salaud, une icône, un meuble, c'est pareil. On le statufia, on le mit en Une, on le mit en chiffres (« quinze mille pages ! »), on disséqua l'individu, on le jucha sur son tonneau pour vendre du papier, on traqua dans l'urgence le scoop et la photo inédite, le témoignage, l'indiscrétion, la maîtresse oubliée : on accomplit, sans douter de bien faire, le double travail de pétrification et d'oubli. C'est ainsi que le dernier intellectuel digne de ce nom devint, juste après sa mort, le premier des « people ».

Pourquoi tant d'amour, et si mal donné ? D'où vient le sentiment confus (mais pertinent) d'avoir changé d'époque ? Le peuple idolâtre de Sartre, les gauchistes, les mondains, les postiers, les Vietnamiens, les femmes en larmes et les garçons de café se souvenaient-ils encore que le strabique était, comme il dit, un homme qui les vaut tous et que vaut n'importe qui ?

« Comment une seule vie avait-elle suffi à rassembler tant de ferveurs disparates ? » se demande Bernard-Henri Lévy, sans doute un peu jaloux. La réponse va de soi : avant de prétendre « être quelqu'un », avant de brandir un CV de philosophe, de biographe, de chef de clan, d'autobiographe, d'écrivain, de dramaturge, de journaliste et de fondateur de revue, Sartre avait le génie, quoique laid, de savoir que pour plaire il faut ne pas le vouloir. S'il échappe à ses contempteurs comme à ses thuriféraires, c'est d'avoir été non pas un caméléon, mais un homme exceptionnel, plus vaste que toutes ses causes perdues. Ce qui distingue Sartre des autres, c'est qu'en un sens il n'en a pas besoin, et qu'en définitive l'amour de soi l'emporte, chez lui, sur l'amour-propre. L'indépendance, c'est le supplément d'âme du matérialiste.

Mais, en enterrant Sartre sans l'avoir compris, les édiles de l'époque s'inclinèrent devant la loi du marché comme on se tire une balle dans la tête. La mort de Sartre, c'est le début de la fin. La victoire de l'audience sur l'audace. Au lendemain de ses obsèques navrantes, la messe était dite, l'époque avait changé, l'image avait pris le pouvoir : Sartre avait été célèbre à juste titre; après lui, les intellectuels devraient se contenter d'être médiatiques. Décidément, le philosophe méritait mieux que les funérailles d'un pape.

Raymond Aron est mort en courant, du Palais de Justice aux bureaux de *L'Express*, le 17 octobre 1983. Contrairement à ce que dit la légende, ses derniers mots n'ont pas été : «Je crois que je suis arrivé à dire l'essentiel» – ce qu'il a déclaré en sortant de la 17e chambre correctionnelle du Tribunal de Paris où il était allé plaider la cause de Bertrand de Jouvenel –, mais un énergique «Au journal!» qu'il adressa à son chauffeur, Yves de Belleville, juste avant de s'effondrer sur la banquette arrière de la voiture.

Aron se savait mortel, mais sans croire en Dieu ni préférer la certitude à l'humilité. Alors il est mort dans le doute, sans peur ni tremblement, comme on fait son salut laïc, en stoïcien d'un genre nouveau, dont la mort, éventualité nécessaire de l'existence, ne change rien au matin qui la précède. «Nul ne sait, à la fin de sa vie, s'il est sauvé ou perdu», disait-il. Le fait est qu'il est mort, il y a plus de vingt ans, beaucoup trop tôt, six ans avant la chute du Mur de Berlin. L'anti-communiste a traversé la Guerre Froide sans assister à son épilogue salvateur; l'intelligence la plus fine de son temps n'a pu s'exercer, après 1945, que sur le terrain manichéen d'un monde bipolaire. L'homme qui, dès 1937, alors qu'il est encore de gauche, demandait aux socialistes d'abjurer un marxisme de façade, est mort sans que rien ne change. Aron a détourné du dogme quelques esprits moins rigides que les autres, mais, pour l'essentiel, l'idéocratie et ses effets de manche ont tranquillement survécu à leur meilleur ennemi, et aucune époque n'est plus fertile en fanatismes que notre début de siècle sans idéologies. Les livres d'Aron ont été des coups de plume dans l'eau. Le réel n'évolue qu'en surface, jamais en profondeur : c'est le génie des inutiles, c'est le talent de la raison, que d'écrire des livres qui, cinquante ans plus tard, demeurent d'actualité.

Dans le premier chapitre de ses *Mémoires* (« Le testament de mon père »), Raymond Aron raconte que ce qui le faisait courir était la mission que la vie ratée de son père laissait en héritage.

Dans *Les Mots*, Jean-Paul Sartre raconte que son père est mort quand il avait quinze mois, et que c'est là toute sa chance. « Eût-il vécu, dit-il, mon père se fût couché sur moi de tout son long et m'eût écrasé. Par chance, il est mort en bas âge... Fut-ce un mal ou un bien? Je ne sais; mais je souscris volontiers au verdict d'un éminent psychanalyste : je n'ai pas de Sur-moi.»

On dit souvent : à l'un le conservatisme, à l'autre la justice, Aron la rigueur, à Sartre l'imaginaire, Aron la droite et Sartre la gauche, Sartre le Bien contre Aron le Vrai, Bertrand de Jouvenel contre Alain Geismar... Ce serait trop simple. En vérité, Aron détestait qu'on lui coupe la parole et Sartre ne supportait pas qu'on le contredise – ce qui est pire. Sartre, séducteur, donnait tout à ses amis, Aron, l'érudit, disait aux étudiants ce qu'il croyait être vrai, et non ce qu'ils auraient eu plaisir à entendre. Sartre, professeur, emmenait ses élèves à la boxe ou au bordel, Aron les faisait jouer au ping-pong. Le génial Sartre est un homme de pouvoir. L'élégant Aron est un homme honnête. Aron avait du courage, Sartre avait de la gueule, mais, pour tout dire, Aron, le fils modèle, n'avait pas d'imagination, alors que Sartre l'orphelin, «l'enfant qui ne veut pas grandir», n'avait, lui, aucune limite.

La mort est une compagne fiable, qui donne à chaque instant la saveur de l'unique. Quand

Spinoza explique que toute pensée de la mort est une «frivolité», que sa philosophie «est une méditation de la vie et non de la mort», il ne veut pas dire qu'il faut vivre sans penser à la mort, mais qu'il faut, au contraire, ne pas essayer toute la vie de penser *à autre chose*, ou ne pas perdre la vie à regretter qu'elle s'achève. Ceux qui souffrent d'avoir à mourir sont aussi ceux qui se divertissent et se donnent des *alibis*.

«La philosophie de la mort, dit Jankelevitch, c'est une méditation de la vie. Ça ne veut pas dire du tout que j'ignore la mort et m'en détourne. Je crois, au contraire, que c'est la seule attitude qui envisage la mort avec sérieux, et non pas d'une manière frivole. Ce sont les gens d'en face, les croyants des religions, qui ne sont pas sérieux, qui ravalent la mort au sens d'un événement.» Il y a une grande différence entre les valeureux qui, regardant la mort en face, vivent sans y penser, et les lâches qui, regardant ailleurs, ne pensent qu'à ça.

Pendant la guerre, Vladimir Jankelevitch – qui avait été révoqué deux fois de l'université, comme juif d'abord, comme fils d'étrangers ensuite – faisait cours dans l'arrière-salle d'un café place du Capitole, à Toulouse. C'était un cours sur la mort qu'il donnait sans note, le visage sombre, les mains posées sur le dossier de la chaise qu'il inclinait légèrement. « Eût-il, chaque jour de sa vie, pensé à la mort, accumulé des trésors de graves réflexions, thésaurisé les maximes et les sentences des sages, le mortel n'en serait pas moins ignorant, inexpérimenté et maladroit comme un petit enfant... Sur le seuil de la grande nuit si noire, le sage n'est plus qu'un pauvre orphelin ; et la sagesse des fourmis n'est pas plus avancée sur ce point que l'insouciance des oiseaux du ciel... On ne se prépare pas à mourir... » À la fin du cours, ses élèves – de futurs maquisards pour la plupart – faisaient passer une soucoupe dans laquelle ils mettaient ce qu'ils pouvaient. C'est ainsi qu'il a survécu.

Je suis né à Paris, en 1975, d'un père journaliste qui a fait ses études à Sciences-po, et d'une mère journaliste qui a fait ses études à Sciences-po. Pour ne pas faire comme eux, j'écris dans les journaux et j'enseigne à Sciences-po. Hormis l'une de mes grands-mères dont j'appris à l'âge d'Oliver Twist qu'elle était américaine, qu'elle allait retourner à Denver et que je ne la verrais plus qu'une fois par an, mon existence relève du climat tempéré. Depuis la mort de mon cousin Nicolas, je n'ai plus de grand frère sinon un père trop jeune, quatrième venu d'une portée dont le troisième, Jean, mort à dix-huit mois faute de pénicilline, portait un peu le même prénom que lui. « Bonne nuit, mon petit frère », me dit mon père, toute mon enfance, en se penchant sur ma couette rouge. Ensuite, je n'ai jamais dormi que d'un œil. Contrairement à ce que disent les stoïciens (qui disent souvent n'importe quoi), ce n'est pas la philosophie qui prépare à la mort, c'est la mort qui prépare à la philosophie.

Les bonnes idées sont celles qui viennent en marchant... Il existe au monde un chemin sans autre pareil et que nul ne peut frayer, toi excepté. Où mène-t-il ? Ne le demande pas. Suis-le.

Qu'est-ce qu'un maître ?

Un homme de bonne foi, qui attend tout de lui-même, qui n'attend rien des autres, à qui l'autorité vient d'abord du refus de soumettre.

Quand il est Bergson, le maître fait silence en lui-même et donne la parole – comme on donne le souffle – à la vitalité qui le déborde. Quand il est Confucius, le maître est, au contraire d'un donneur de leçons, aussi lent dans ses mots que diligent dans ses actes. Quand il est Diogène, le maître sent le poisson. Quand il est Flaubert, il attend à la gare dans un pantalon calabrais. Quand il est Camus, le maître publie, au printemps, un livre sur l'été. Quand il est Deleuze, il veut penser ce qui résiste à la pensée. Quand il est Sartre, le maître est fier de ses diplômes. Quand il est Freud, il constate en dormant qu'on ne marche qu'à tâtons sur la voie royale qui mène à l'inconscient. Quand il est Dieu, le maître n'existe pas, mais parle d'autant mieux qu'il se tait. Quand il est Leibniz, le maître fait semblant de croire ; quand il est Descartes, le maître fait semblant de douter. Quand il est Nietzsche enfin, le maître laisse à d'autres, et plus tard, le soin de lui donner raison, tel un vagabond à qui l'inspiration survient dès qu'il ne cherche plus.

Peu d'hommes savent enseigner l'art subtil d'aller là où le cœur dit d'aller. C'est pourtant le seul chemin qui ne soit pas une impasse.

Tous les soirs de chaque été, j'emprunte, mon petit garçon sur les épaules, un chemin de sable à flanc de falaise bordé par les lièges, les ficus, les palmiers et les crocs de sorcière. On l'appelle aussi «le chemin des douaniers». À mesure qu'on descend les cent quatre-vingt-trois marches qui longent le ravin, ses petites jambes se serrent autour de mon cou, et je sens son petit menton qui s'appuie sur le haut pointu de mon crâne. «Tiens-toi bien, Papa, n'aie pas peur, je t'accroche à toi.» À mi-course, dans la lumière exténuée qui baigne les fleurs sèches, Aurélien descend cueillir quelques pissenlits pour les souffler dans mes cheveux puis compter ceux qui s'y accrochent. Le monde est beau, dit Camus, et hors de lui, point de salut : c'est quand il rase le sol que le soleil brille le mieux, c'est à la dernière minute qu'on a soif de la vie, c'est sur le quai de la gare que les amants s'aiment le plus et c'est, comme par hasard, juste avant de mourir que Rousseau écrit son moins mauvais livre. Le crépuscule a la sagesse, la finesse des sentiments indécis. Il brille de guerre lasse et la tête haute, comme une femme encore belle qui, l'âge venant, se déshabille plus volontiers. Le crépuscule, c'est le contraire de la nuit.

Nous sommes assis, maintenant, sur un escalier de briques rouges irradié par un soleil en fin de course, devant une large baie qui s'adosse aux collines. Autour de nous, les plantes grasses s'affaissent dans un halo de cuivre, les mouettes gémissent dans l'air salé, il est tard, c'est la fin de l'été, l'épilogue d'une journée de trente ans. Bientôt, un jour de plus. Un jour de moins.

– Papa, est-ce que quand je vais mourir, je vais devenir un squelette avec les dents qui rient ?

– Oui et non.

– Mais je suis déjà un squelette ! Touche comme j'ai la peau dure.

– Très dure.

– Tu sais, moi, je veux pas mourir, même dans très très longtemps.

– Mais si tu ne meurs pas, tu ne grandis pas non plus.

– Si ! Moi je veux grandir sans mourir ! Quand on est grand, on est plus fort, et quand on est plus fort, on est jamais vieux.

– Non, quand on est plus grand, on est plus vieux que quand on est petit.

– Non, tu dis des bêtises, sale brute.

– On ne dit pas « sale brute » à son papa.

– Papa, tu me mets des ailes dans le dos ?

– Non, mon chéri, elles vont pousser toutes seules.

– Papa, c'est quoi, une Molière ?

– Oh... Molière, mon grand, c'est un dra-maturge.

– Et pourquoi dans un dramaturge, il y a des oiseaux ?

– Hein ?

– Papa, tu sais compter jusqu'à la guerre de cinq ?

– Bien sûr. Et toi, tu peux me dessiner le rocher et la mer ?

– Oui, regarde. Ça, c'est la mer.

– Et le rocher ?

– Mais c'est un rocher invisible, tu comprends rien ou quoi ?

– Ah bon.

– Papa ?

– Oui ?

– Pourquoi elle désobéit, Sophie ?

– Parce qu'elle a quatre ans, et qu'à quatre ans on désobéit.

– Moi j'ai quatre ans et demi et Sophie elle a quatre ans.

– C'est vrai, tu es plus vieux que Sophie.

– Mais non... je suis pas plus vieux ! Les quatre ans, c'est pas plus vieux !

– C'est pas plus vieux, c'est plus âgé. Mais quand tu auras mon âge, tu seras vieux.

– Papa, je t'explique : toi tu n'es pas vieux. D'accord, tu as des rides sur le front, mais c'est parce que tu es resté trop longtemps dans le bain quand tu étais petit. Tu as des rides sur le front, parce que tu es immense... Papa, est-ce que, à quinze ans, moi je serai plus âgé ?

– Oh oui, à quinze ans, tu seras un grand garçon, presque un homme.

– À quinze ans, moi je serai encore un garçon. Et à six ans, je vais tomber amoureux sur Maman.

– Ça, c'est pas possible.

– Si, c'est possible ! Oh, tu m'énerves !

– Excuse-moi.

– J'ai tout le temps des problèmes !

– Moi aussi.

– Papa, les pierres, elles sont trop chaudes, il faut attendre un peu pour les faire fondre... Papa ?

– Oui ?

– Tu me montres des trésors ?

– Regarde autour de toi.

– Qu'est-ce qu'il dit, le vent ?

– Il dit : « Je suis le vent, je vais ronger les marches de l'escalier et vous faire attraper des rhumes. »

– Moi, je vais casser le vent.

– Tu ne peux pas. Le vent est invincible.

– Pourquoi ?

– Parce qu'il va où il veut, et il est plus fort que toi, il est même plus fort que l'océan.

– Moi je vais casser l'océan.

– Non. Tu n'es pas Moïse.

– Si, je suis Moïse et je vais te tuer.

– Tu vas me tuer ? Comment ?

– Je vais te couper la tête. Ah, ah! Allez, viens Papa, combats-toi si t'es un homme!

– Et après?

– Après?

– Après, je serai mort.

– Oui, après tu seras mort!

– Et quand je serai mort, qu'est-ce qu'il va se passer?

– Qu'est-ce qu'il va se passer?

– Tu ne me verras plus, je ne serai plus là.

– Tu seras où?

– Partout.

– Je veux pas que tu es partout.

– Alors il faut pas me tuer.

– Mais moi je veux te tuer quand même, et après tu seras pas mort... Papa?

– Oui?

– Moi, je veux pas mourir!

– Tu veux pas mourir? Tu es sûr?

– Non, je veux pas mourir, jamais! À dix mille ans même on commence par mourir.

– Mais...

– Papa?

– Oui.

– C'est qui Moïse ?

– C'est un homme qui écarte la mer en écartant les bras.

– Alors, pourquoi moi, j'écarte les bras, et la mer elle reste bleue ?

Aurélien se tait sans attendre ma réponse.

Une petite vipère glisse en sifflant le long des marches ; les fourmis, chargées comme des ânes, font entrer des montagnes de miettes dans le petit trou qu'un bousier maladroit commence à boucher de sa boule. La nature accomplit, de tous côtés, son destin sans se plaindre et moi, je ne suis qu'un animal inquiet. Soudain, le silence est rompu par le couinement d'une balle sonore sur laquelle s'acharne Bambi, le chien bondissant. « Tiens, une mouette », me dit mon fils qui, regardant ailleurs, entendait mieux que moi.

Voici de nouveau l'évidence de cette chose innommée, inexprimable vers laquelle convergent à l'infini les mots, et que les mots ne rencontrent jamais.

Il y a les livres qu'on a le sentiment de relire quand on les ouvre pour la première fois, parce que Michel Onfray les a écrits et que, donc, ils disent tous la même chose; il y a les livres qu'on a le sentiment de lire pour la première fois chaque fois qu'on les relit, parce que Clément Rosset en est l'auteur, et qu'ils montrent, sans pitié, ce que nous avons sous les yeux mais qu'il est, d'ordinaire (et pour cette raison), si difficile de regarder.

Que voit-on quand on regarde? Le monde tout nu, l'indivisible altération des natures vives, le sursaut des objets que la candeur dépouille de leur fonction, des choses étranges : un mille-pattes au fond de la gorge, une mouette dans un ballon, des taupinières dans les rides du visage et une vieille bâtisse au bout d'un chemin écarté, qui balaie, sur sa droite, la baie de Cavalière, tandis qu'à gauche étincellent, sous le soleil couchant, des falaises de schiste dont les miettes recouvrent, par gros temps, le toit de tuiles rouges. Une terre toute plate dont la beauté dépend de l'œil. Un monde, en un mot, dont la science et ses squelettes ne disent pas grand-chose, et qui, peut-être, à trop subir les lois de l'esprit, finit par rendre l'âme.

Madame Maurel portait des collants épais et des cols roulés sous un manteau gris. Elle enseignait l'impertinence et la littérature à de futurs bacheliers. Je la revois nous parler de parapluie, de machine à coudre et de « bouches fendues jusqu'aux oreilles », tout en frappant, de l'index, le milieu de la table, tel un samouraï qui éclate une brique ou découpe la feuille d'un palétuvier (au bout d'un an, la table était presque incurvée). Elle disait « Ça baise, dans Racine ! Han ! » en claquant le dos des doigts de la main droite sur la paume de la gauche. Elle riait des évêques et des bourgeoises oranaises qui s'inquiétaient qu'on fît lire des « coucheries » à leurs enfants. Elle jubilait en nous traitant de petits bourgeois, et regrettait, de temps en temps, que les volcans d'Auvergne ne fussent plus en activité pour « retomber sur la gueule de Giscard ». Elle fumait deux Gauloises par pause, en buvant un café chaussette, puis nous lisait, en le mimant, le texte de Rabelais sur les torche-culs. Mais je dois dire qu'elle aimait aussi, parfois – pour montrer qu'au fond c'était le cas – redevenir sérieuse et répondre par un « tout à fait, tout à fait » à l'hypothèse d'un fayot. Enfin, c'était la fille d'Elisabeth Guigou et de Brigitte Fontaine. Je l'adorais.

Avant qu'elle ne nous lise « Parfum exotique », Baudelaire n'était qu'une syphilis, un toxicomane alexandrin qui faisait la gueule sur les photos. Mais elle a pris le texte en main et l'a scruté en amoureuse. Elle a passé deux heures sur la première virgule pour décrire la suspension du temps. Elle a mêlé le jaune et le bleu pour colorer de vert l'adjectif « monotone ». Elle nous a raconté ces univers où la paresse est prodigue, où la minceur est vigoureuse et où les femmes sont franches, un monde sans haine, où les contraires, en un mot de Breton, « cessent d'être perçus contradictoirement ».

Madame Maurel, c'est la casquette de Charles Bovary, cet objet impossible « dont la laideur muette, dit Flaubert, a des profondeurs d'expression comme le visage d'un imbécile », et dont elle se servait pour nous montrer que plus on s'approche du réel, moins on le saisit. Madame Maurel, c'est quand je ferme les yeux pour mieux voir, quand les dissonances s'accordent, quand les livres parlent, quand les mots font la paix, quand le langage produit de l'existence avec les seules armes de la ponctuation. Madame Maurel, c'est une musique.

En ce point est quelque chose de simple, d'infiniment simple, de si extraordinairement simple que le philosophe n'a jamais réussi à le dire... et c'est pourquoi il a parlé toute sa vie.

Il était quinze heures, je sortais de table, les poumons charbonneux, le ventre en miettes. Assis dans une cellule de l'INA, sous un soleil de cuivre, j'exhumais consciencieusement, un à un, les vieux bobinos de leur cage rouillée pour les caler sur des machines volumineuses, d'où les voix grésillaient comme sur l'écran mal entretenu d'un cinéma indépendant. « Professeur Jankelevitch, croyez-vous que nous soyons aujourd'hui mieux armés pour lutter contre la mort ? – Monsieur le philosophe, quand vous regardez votre parcours, est-ce que vous êtes satisfait ? – Mais vous voyez,

Vladimir Jankelevitch, il faut du temps pour écrire des livres, alors je me demande, qu'est-ce que c'est, le temps ?... » Le bon vieillard répondait avec douceur à ces questions débiles ; il en profitait même pour faire passer, en contrebande, quelques joyaux sur l'irréversible, la mélancolie, le « temps à deux pattes », la musique, l'indicible et le je-ne-sais-quoi... tandis qu'en l'écoutant, fasciné, seul au monde, le casque vissé sur les oreilles, je me disais qu'il devenait urgent de choisir mon camp (le journalisme ou la philosophie ? Le vide ou la solitude ?).

D'abord calme, presque solennelle, la voix de Jankelevitch s'aiguise toujours, insensiblement, pour finir dans une avalanche haut perchée où il écorche, au passage, les mots allemands (« temporalité », par exemple, qu'il ne prononce jamais sans une nuance de mépris pour Husserl et son jargon sans fleurs). Des modulations hystériques accompagnent les arpèges sur les « philosophes modernes, groupés en troupeaux », les « circonlocutions de l'immutabilité », les « éons supralapsaires » et « la vitesse de Dieu en plein vol »... Le feu de paille prend à défaut les certitudes et brise, d'une saillie, la cuirasse de concepts et de déjà-sus que l'intelligence, mélancolique, charrie dans un sillage de plomb. Vladimir chante, juste et faux, l'«extroversion unitive» d'un esprit «seul à seul» et «libéré du moi». Il peint à l'encre sympathique les tableaux éphémères du «presque-rien», de «l'instant d'avant», de la «fine pointe morale»; il digresse sans se perdre, associant en contrepoints paradoxaux l'organe et l'obstacle et la peur et la joie. Chacune de ces phrases prolonge la précédente sans qu'elle s'en déduise. Vladimir improvise avec la liberté des âmes qui retombent sur leurs pieds tant elles adhèrent à l'objet qui leur échappe. Il pense par métaphores et produit des paroles inouïes qui dissipent l'obscurité sans qu'on les comprenne vraiment. Sa quête se passe d'objet; les éclairs de sa voix rappellent les comètes qui s'abîment dans la nuit : on dirait que cet homme ne connaît du ciel que les étoiles filantes.

Officiellement, j'étais une sangsue chargée de rendre un hommage radiophonique, mais, en vérité, j'avais rendez-vous avec un mort dans une cellule surchauffée pour qu'il me donne, au hasard des bandes, mes derniers cours particuliers.

La vie est au passé ce qu'une cigarette fumante est à des cendres froides.

La vie d'un homme – chaque ligne de son bilan, de sa nécrologie – importe moins que ce qu'il fait de lui-même au présent, à chaque instant – ce qui, à la différence des récompenses et des honneurs, n'est jamais acquis, mais toujours menacé par les habitudes, les idées vagues et les grasses matinées du préjugé.

Le monde extérieur est à la réalité ce que l'écorce est à l'arbre, la surface des actions auxquelles la vie vraiment vécue, la sève de l'existence, ne se résume jamais.

Une addition de paragraphes ne fait pas un roman, le langage ne livre du réel que sa surface, et il n'a jamais suffi de la biographie d'un philosophe pour comprendre son œuvre.

Qu'on l'appelle « moi », « Dieu » ou « vérité », le réel est seul de son espèce et subtil comme un point-virgule ; il se laisse approcher sans se laisser saisir, et inflige à l'indiscret la douleur d'être sans savoir ou de savoir sans être.

Un homme ne fait jamais assez de bien, mais toujours le mal une fois de trop.

La curiosité n'est qu'une vertu d'agent de police.

Personne n'est plus conformiste que celui qui fait profession d'anticonformisme.

Chaque instant succède à l'autre, si ténue soit la mesure de l'intervalle qui les sépare. Le présent ne dure pas davantage qu'un œuf posé en équilibre sur le toit d'une maison; le temps passe, et nous avec lui, de sorte que la mort n'est ni un futur, ni le terme de la vie, mais le paquet des souvenirs et la compagne de chaque instant.

Quand elle est affaire de raison, la philosophie tient pour contradictoire ce que l'intuition (la rêverie, le goût des autres et le laisser-aller) réconcilie dans le geste où naissent les chefs-d'œuvre, les pommes de Cézanne aux contours incertains, le tableau imaginaire de Balzac, d'où un petit pied parfait, sublime, plus que vivant, traverse le chaos pour éblouir l'œil de Nicolas Poussin lui-même.

Quand la philosophie se contente de l'intelligence, elle est séparée du monde par les moyens qu'elle se donne pour le connaître, comme un couteau fiché dans le cœur qu'il suffirait d'enlever pour mourir aussitôt d'une hémorragie.

Bref, quand on aime, on ne compte pas.

Tout ça, je l'avais lu chez Nietzsche et Bergson me l'avait expliqué, mais, avec Jankelevitch, je l'entendais enfin.

Jan-ke-le-vitch. Jan-kelevitch. Jankelevitch. C'est un nom qui se précipite. Un patronyme à toute vitesse. On dirait les petits pas du scolopendre qui essaie d'échapper à la semelle de ma chaussure.

Je suis allé chez Vladimir et Lulu, quai aux Fleurs, dans le trois-pièces charmant dont un soleil de plomb écrasait la poussière. Je me suis assis dans le salon plein d'étagères où ne manquaient que les philosophes allemands. J'ai lu la lettre que Bergson lui avait adressée en 1928, dans laquelle il confessait être « toujours chez (lui) » en lisant *L'Éthique* de Spinoza. J'ai posé mes mains sur l'ivoire du piano surmonté d'un buste de Ravel, en regard de l'écritoire et de la carte postale que l'excellent François George leur avait envoyée de Tivoli. J'ai volé trois livres et je me suis allongé sur un lit à une place. Où que j'aille, la plume à la main, l'ombre de Vladimir était assise face à moi, dans le fauteuil qu'il ne quittait plus vers la fin, sinon, paraît-il, pour s'accrocher aux rideaux.

Si les philosophes étaient des animaux, Platon serait un éléphant, Nietzsche un aigle, Heidegger une vipère, et Jankelevitch un papillon fasciné par la flamme d'une bougie, qui voudrait à la fois – comme on boit en fermant la bouche – la regarder de l'extérieur et épouser du dedans sa chaleur.

Jankelevitch n'a pas seulement commenté Bergson, il l'a exaucé; il a montré l'expérience paradoxale de sentiments contradictoires, le grand mouvement sans but qui entrelace, en nous, des désirs que la raison toute seule veut opposer parce qu'elle les regarde avec une longue-vue. Jankelevitch a écrit Bergson comme l'impressionniste incorpore ce qui l'entoure, comme le futur innove à chaque pas du présent pour forger la silhouette mobile et déconcertante d'un individu. Mais surtout, il a distillé du tragique dans la plénitude, il a mis de l'inquiétude, l'amer piment, dans un monde sans absurde, il a relevé le goût de la totalité par un soupçon de néant, une larme de mélancolie. Vladimir Jankelevitch n'est pas un penseur majeur, mais c'est un remarquable exhausteur de goût. Si

Spinoza était un fagot de spaghettis, Jankelevitch serait le basilic. Si Bergson était un poulet, Vladimir serait le curry. Jankelevitch est un bergsonien de l'ombre qui a donné sa chance à l'envers de la joie. Il ne manquait à Bergson que le manque lui-même, et la crainte du vide... Désormais, le maître est comblé. Grâce à Jankelevitch qui, le mêlant de lui-même, lui a donné la mort, Bergson est enfin devenu le plus grand philosophe du XXe siècle.

Chaque philosophe est une aventure nouvelle, un cataclysme inédit, un pan de réalité limpide ou jargonnant, subtil, total ou fragmentaire... Peu de disciplines donnent autant que la philosophie le sentiment de la *différence* entre les gouttes d'eau.

Nietzsche et Jankelevitch, ces jumeaux qui s'ignorent, ont le même goût de l'innocence et de la musique, la même tendresse pour l'indicible, le même amour de l'inachèvement, le même désir d'une morale sans commandement. Bénie soit la fraternité souterraine de la moustache et des cheveux blancs, du germanophobe de la Sorbonne et du hors-la-foi nomade, l'évidence d'une fraternité masquée par les sottises que Vladimir a dites sur l'éternel retour ou l'antisémitisme (imaginaire) de Nietzsche. Ils tiennent tous deux le finalisme pour une version famélique de l'existence, ils étendent – ou détendent – le savoir jusqu'aux limbes de l'expérience ; ils apprennent à accepter de n'être jamais compris, mais « seulement loué[s] ou blâmé[s] ». Ils disent, l'un et l'autre, à chaque trait, l'éternité provisoire de la vie. J'aime ces centaures, mi-hommes mi-poètes, qui cavalent en chantant que ce sera pour des raisons morales qu'on cessera, un jour, de faire le bien. Nietzsche, c'est l'éternel retour, Jankelevitch, c'est un revenant. De ces écorchés savants qui recommandent à leurs élèves de n'être fidèles qu'à eux-mêmes et qui tiennent l'absence de Dieu pour une valeur ajoutée, je retiens le droit souverain de penser, en toute rigueur, quand le cœur m'en dit. La philosophie résonne avant de raisonner ; elle assouplit les idées, elle incarne les concepts, elle distille en échos la sagesse de l'instant. Nietzsche et Jankelevitch sont des philosophes au sens noble : ils ne tiennent pas en place. Nietzsche et Jankelevitch. Jankelevitch et Nietzsche. Jankelenietzsche. Ce sont les noces de Canaan.

D'ailleurs, ils sont français tous les deux.

Les philosophies ne sont pas des points de vue, mais des points de *vie*, des terres grasses où fleurissent, même tige, le dogme et le doute, et la question n'est pas tant de savoir si elles disent vrai, que si elles chantent juste.

J'ai longtemps grandi trop vite et puis le temps m'a rattrapé, du coup j'ai tout vécu deux fois. Quand j'assistai à mon premier cours de philosophie, j'étais comme un Indien docile qui ne connaît pas, avant de l'épouser, le visage de sa promise – ou comme un futur père, certain, juste avant l'accouchement, d'aimer plus que lui-même l'inconnu bientôt né – , curieux non pas de découvrir des terres inexplorées, mais de visiter l'appartement témoin que j'avais acheté sur plan et où j'allais passer ma vie. Malheureusement, mon professeur avait un accent du midi qui me donnait moins envie de le prendre au sérieux que de le prendre dans mes bras. Quand on a dix-sept ans, on ne craint pas le «néang». La philosophie n'a pas d'accent (Michel Serres est donc un imposteur). Qui plus est, mon prof ergotait sur le Bien, le Vrai, la Vertu sans jamais douter qu'ils fussent plus désirables que le Mal, le Mensonge et le Vice ; il opposait raison et sentiments pour conclure avec Descartes qu'il « n'est pas d'âme qui, bien conduite, ne puisse acquérir un pouvoir absolu sur ses passions ». Avais-je le droit d'y voir un préjugé ? Jusqu'où pouvais-je penser trop loin ? Jusqu'où douter des vérités révélées ? À quoi bon l'amour de la sagesse et tout ce charabia divin s'ils accréditent, en fin de compte, les évidences qu'une éducation de petit bourgeois m'avait valu d'entendre toute mon enfance ? Pourquoi Platon, quand, pour plaire à ses parents, on choisit déjà de faire le Bien ? À quoi sert Kant quand tout le monde vous dit depuis toujours qu'il ne faut pas mentir ? Pourquoi penser si la vérité crève les yeux ? Pourquoi tout remettre en cause si, en fin de compte, le vertige lui-même s'abolit ? Je ne savais pas trop, mais j'étais triste de m'ennuyer. J'avais commandé Fort-de-France, on me servait Pointe-à-Pitre. Je notais tout mais, à chaque phrase, je regardais ma montre. Le contraire de l'erreur n'est pas la vérité mais le doute. « N'a de convictions, dit Cioran, que celui qui n'a rien approfondi. » M'est avis que ceux qui l'ignorent prennent rarement le risque de penser.

Tout philosophe est un innocent de haute lutte, un résistant, un homme du soleil qui persiste à tenir pour énigmatique l'univers qui va de soi. L'âge adulte est à la portée de tout le monde, mais l'enfance, l'art de l'enfance, le génie ingénu n'est accessible qu'aux grandes personnes qui savent regarder – simplement – ce qu'elles ont sous les yeux. La philosophie n'est pas un choix, mais une bénédiction. La philosophie n'est pas un système, ni un anti-système, mais un écosystème, avec ses prédateurs, ses bergers allemands, ses blaireaux, ses victimes, ses seconds couteaux. La philosophie n'est ni un combat de concepts, ni un arsenal d'injonctions, ni même une méthode pour vivre mieux. La philosophie conquiert le monde en le laissant intact; la philosophie, c'est un jeu d'enfant.

Jankelevitch était mort depuis vingt ans quand je l'ai rencontré. Je n'ai pas connu le jeune homme dont les vieux élèves parlent comme d'un professeur adoptif, mais sa mort n'est qu'un souci intermittent venu parfois interrompre la conversation à une voix que je reprends quand bon lui semble.

Vladimir est un mort qui s'ignore, une vendetta de caresses, une porte qui grince par habitude et malgré l'huile dont les gonds sont enduits. Je peux l'entendre vingt fois sans me dire qu'il radote, ni douter que, d'une certaine manière, c'est à moi qu'il s'adresse. Tel le capitaine Achab, cloué sur le dos de Moby Dick par un harpon mal lancé, dont le bras semble inviter encore les pêcheurs à l'attaque, Jankelevitch me parle quand il parle. Jankelevitch, c'est la tête de Schopenhauer, dont le cadavre se met à sourire parce que, sous l'effet du dessèchement de la peau, le dentier a sauté de la bouche pour atterrir sur le parquet de la chambre mortuaire. Les mots de Vladimir sont comme la carte postale que les acteurs des *Possédés* reçoivent le lendemain de la mort de Camus, dans laquelle il écrit qu'il est toujours à leurs côtés, la lettre tendre d'un soldat sur le front qui parvient à sa femme après que les soldats d'en face l'ont regardé mourir en lui caressant les cheveux. Jankelevitch a sept vies. «Tu sais, en vérité nous sommes morts, dit Socrate à Gorgias, je l'ai entendu dire par des gens qui s'y connaissent...»

« Ai-je une “œuvre” ? disait-il. Ce n’est pas à moi d’en juger. Jugez-en vous-même. Moi, cela ne me regarde pas. Ce n’est pas à moi de contempler ma propre statue, de m’observer dans la glace en train d’écrire. »

Sur les lèvres de Chloé, il y a de la framboise (ou de la fraise ? un fruit rouge en tout cas), sous sa jupe un genou, dans sa bouche du sucre. Je l’ai embrassée sur un banc, comme un adulte qui joue ; c’était la première et la dernière fois. « Était-ce à Prague ? se demande Jankelevitch. Était-ce moi ? N’ai-je pas confondu mes souvenirs avec ceux d’un autre ? Et il en est ainsi de tout ce qui est advenu une seule fois dans l’éternité, et puis jamais plus ! *Never more !* Le premier-dernier baiser, la primultime rencontre. Un doute éternel enveloppera dans son linceul d’incertitude ce qui jamais ne fut réitéré. »

Il est tout de suite trop tard.

L’amnésie n’est pas moins intelligente que le souvenir ; le moi qui s’enfuit n’est pas moins consistant que le moi tout court. Les hommes vivent dans l’oubli ; c’est ce qu’entr’aperçoit celui qu’une faveur du hasard prive enfin de mémoire. Pourtant, tel un animal qui, le cas échéant, choisirait de rester dans sa cage, l'amnésique forme toujours le projet de *retrouver celui qu'il est*, sans voir que l'amnésie véritable est d'abord le monticule des souvenirs. Les autres croient l'aider en l'y aidant, comme des troglodytes feraient la chaîne pour ramener au fond du trou celui d'entre eux qui a vu le soleil. Mais heureux les amnésiques qui saisissent leur chance et dont la mémoire ne revient pas : ils peuvent avoir été n'importe qui, et qui veut, à l'inverse, être *quelqu'un* n'est jamais plus que celui-là.

Jankelevitch a une voix de fausset, et alors ? Il parle juste.

Il pue la France, il est né à Bourges ? Peut-être, mais il est juif.

Il a mauvais goût en musique, mais qu'y puis-je ? Est-ce de ma faute s'il méprise Mozart et s'il aime Ravel, Fauré, Scriabine, Chostakovitch et tout ce qui grince ? Ce n'est pas moi – j'adore le hip-hop – qui lui jetterai la pierre.

Il déteste l'Allemagne ? La belle affaire. De toute façon, l'allemand n'est beau que dans la bouche d'Héléna.

Vladimir bouge encore, malgré les petites gens qui édictent les règles à suivre pour bien parler de lui (à quoi sert-il d'enseigner que l'important n'est pas d'avoir vécu mais de vivre si ceux qui transmettent la parole des morts se disputent doctement les arpents de leur mémoire ?). Vladimir est vivant, il parle en grésillant, ses mots traversent le temps. Il est vivant et vous êtes morts.

Les idées sont périssables.

Demeure le beau geste qui lisse les cheveux devant la glace et rend leur douceur aux êtres qu'elle a quittés le temps d'un amour sinistre.

Jankelevitch, c'est Maman.

Beaucoup parler de soi peut aussi être un moyen de se cacher.

À en croire Colérus, son premier biographe, Spinoza avait l'habitude de « chercher des araignées qu'il faisait battre ensemble, ou des mouches qu'il jetait dans la toile d'araignée, et il regardait ensuite cette bataille avec tant de plaisir qu'il en éclatait quelquefois de rire ». À ma gauche vitupèrent ceux qui, au nom de la vérité, s'attachent à y voir la preuve de la folie du sage (pour être philosophe, Spinoza n'en est pas moins un psychopathe arachnophile, disent-ils, tout contents). À ma droite soupirent ceux qui, distinguant la chair et l'âme, négligent l'anecdote et cherchent le vrai dans la pensée pure. C'est le double danger que la bêtise fait courir à la pensée : sous couvert d'exactitude, sous prétexte de précision, on en vient soit à rallier les manies d'un mort tricentenaire, soit à négliger son existence au motif que la vie du corps n'est pas celle de l'esprit. À l'inverse de ces chefs de gare, Gilles Deleuze, en bon mécanicien spinoziste, moins soucieux d'exactitude que d'inventivité, montre que l'anecdote enseigne le caractère extérieur de la mort (les animaux se la donnant, littéralement, les uns aux autres), que la toile exprime la nature des rapports que l'araignée entretient avec le monde, qu'enfin on peut y voir le signe de la relativité spinoziste des perfections, puisqu'« un état comme la guerre, qui marque une imperfection de l'homme, peut témoigner d'une perfection si on le rapporte à une autre essence, comme celle de l'insecte ». De fait, Spinoza était peut-être psychotique, mais qu'importe ? Seul compte ce qu'on peut construire à partir du récit – imaginaire ou non – de ses jeux solitaires. Contre Bouvard et Pécuchet, Deleuze fustige une image servile de la pensée qui veut donner la bonne réponse, trouver le résultat juste, comme à l'école primaire ou à la télévision. Bref, au lieu de chercher le sens exact de la petite histoire, Deleuze en imagine les sens possibles, et montre, par là même, combien ceux qui s'en tiennent à la vérité laissent échapper l'essentiel.

Doxa, ma petite chatte, marchait en canard. À l'aube, elle s'accrochait, à la force des griffes, au montant de la hotte sur laquelle j'écrasais à la fourchette son petit déjeuner dans une gamelle bleue. Une fois gobé l'infâme pâté, Doxa ronronnait, la bouche ouverte, en me léchant l'oreille ou le menton, enfouissait son museau dans mon aisselle en enlaçant mon épaule, puis s'allongeait, éperdue, dans mes bras, tandis que, les yeux dans les yeux, je murmurais son prénom en lui caressant, du bout des ongles, les pattes, le ventre et le cou. Mais nos câlins s'en tenaient là. Au bout de quelques minutes, nous finissions étourdis, côte à côte, deux amants séparés par la technique; j'allumais une cigarette et elle s'étendait, en soupirant, sur les feuilles de mon bureau, entre les livres, les briquets épars, les cahiers et les feutres qui formaient le décor du jour et qu'elle prenait soin de ne jamais déplacer.

Notre porte, dont la serrure était cassée depuis longtemps, tenait par un loquet coulissant, et n'était véritablement fermée que quand elle était entrouverte, ce qui laissait à Doxa une pleine liberté de mouvements. Alors, pendant la journée, elle descendait ramasser des feuilles mortes qu'elle remontait une à une sur quatre étages pour en faire un petit lit sur le seuil, où elle déposait en fin d'après-midi, généreuse et satisfaite, l'offrande d'une souris éventrée. Un jour elle m'a quitté, la chienne, pour mon voisin le bijoutier. Depuis, je travaille tout seul, et elle m'ignore quand je la croise dans la rue. C'est la vie.

Vivent les biographes. Dieu bénisse les laborieux indiscrets, les détectives, les idolâtres du factuel qui accomplissent, en bibliothèque, le travail ingrat de l'exactitude et donnent au lecteur paresseux les moyens de divaguer. Les biographies sont une matière première, le tissu des peintres, la toile des brodeurs, l'alphabet des écrivains. Une biographie, c'est très bien, mais c'est tout.

Il y a deux façons d'être grossier quand on parle des philosophes : la grossièreté métaphysique – snobe et populaire – qui, cherchant le « vrai moi », fait comme si le philosophe, pur esprit sans chair, pensait ailleurs que dans le temps ; et la grossièreté *mégaphysique* – matérialiste, radicale, intolérante – qui, parce qu'elle refuse de désincarner les philosophes, se croit dépositaire d'une vérité plus fine en soumettant chaque moment de la pensée à un état du corps.

De quelle pathologie, de quelle migraine les métaphysiciens tiennent-ils la certitude que le corps n'est rien ? Abjecte objectivité. Méfiez-vous des amis de l'absolu qui méprisent la petite histoire : en général, ils ont le choléra.

À quelle colère, à quelle rancœur les *mégaphysiciens* doivent-ils de réduire à l'organisme tout acte de pensée ? Méfiez-vous tout autant de ces fouilleurs de poubelle, ces policiers stercoraires, ces paparazzi du savoir : en général, ils ont la peste.

Contrairement à ce qu'on croit, sonder les viscères d'un philosophe n'est pas plus audacieux que décrire son âme. La familiarité des mégaphysiciens n'est qu'une forme subtile de la vénération. Pour avoir voulu la faire descendre du ciel, ces derniers font de la philosophie comme on dévore la presse trash et, loin de serrer – comme ils pensent – la main des philosophes, ils leur tapent sur l'épaule. Aucune ânerie n'égale l'incurable sottise du lecteur qui se demande si ce qu'on lui raconte *s'est vraiment passé comme ça*, sinon, peut-être, la sotte incurie du penseur qui cherche la vie dans une vérité sans chair. Métaphysique et mégaphysique : l'alpha et l'oméga du ressentiment. Les premières gammes de l'apprenti. Le vomi doré des gens mesquins. Charybde et Scylla qui se passent le relais sur un océan de boue.

Les demi-habiles – ou « nietzschéens de gauche » – soutiennent que Nietzsche réduit la pensée au seul corps du penseur, alors que son intention est, à l'inverse, d'étendre le corps jusqu'aux frontières de l'œuvre, en donnant au savoir la consistance d'une subjectivité viscérale et, par là, irréfutable. Quand Nietzsche raconte, dans *Par-delà Bien et Mal*, que peu à peu il a appris à discerner que toute grande philosophie n'est que « la confession de son auteur », il donne à la philosophie ses lettres de noblesse en l'ouvrant à la littérature. La question n'est pas, selon lui, de savoir si la vérité se trouve au ciel ou dans le corps, mais à quelle maladie correspond le fait de croire qu'on dit vrai.

Il est inutile d'écrire sur soi, mais il est illusoire d'écrire sur autre chose : je suis fait, comme tout le monde, d'une étoffe trop subtile pour qu'un roman me restitue tel que je suis, mais aucun de mes rêves ne naît ailleurs qu'en moi-même. Le songe est un aveu, mais l'aveu est un songe. Qui invente une histoire se découvre entre les lignes; qui raconte sa vie se planque sous des confessions censées dire vrai. Les amateurs de vérité oublient qu'aucun écrivain ne parle jamais de lui-même, ou des autres, sans taire plus qu'il ne montre. Toute confession manque son objet; toute invention est une confidence. Hegel disait : « Ce qui, dans mon système, me ressemble est faux. » Dont acte. Tout est faux, donc.

Le roman ne dissimule pas ce que l'autobiographie confesse, mais à l'inverse il donne à croire ce que l'autobiographie donne, éventuellement, à contester. Les plaies sont la chair des pensées, ce qui ne veut pas dire que tout est matière, mais qu'au contraire toute chose – fatalement singulière – est déjà une idée. « Il existe, dit Jankelevitch, un système privilégié, un système supérieur à toute référence, que j'expérimente du dedans à l'instant où je parle; aucun paradoxe ne saurait prévaloir contre la certitude d'une pensée intérieure à soi qui s'éprouve elle-même voulant, vivant et durant... »

Il faudrait donc, malgré tout, sans me prendre pour moi-même, raconter en mon nom le peu que je deviens. On ne perd pas son sujet quand on va, comme dit Montaigne, « à sauts et à gambades », quand on pense au hasard, quand on peint le désordre, la durée, la succession arbitraire, la coalescence des émotions. Quitte à me cacher, je voudrais parler de moi sans me déshabiller. Je rêve d'un tableau qui substitue la vie aux mensonges de la rancune, d'une mosaïque de bonne foi qui n'accuse personne, se lise dans tous les sens et titube sans boiter : je voudrais écrire, un jour, un livre de sang chaud.

Il est dix heures. La terrasse sort de l'ombre ; une ligne penchée de nuages clairs traverse la moitié du ciel, deux papillons s'affairent autour du thym, Madame Guêpe est posée sur la table en céramique et les premiers gendarmes se saoulent au pollen des lavandes. C'est l'heure idiote. La fin de soirée du matin. L'aube est couchée depuis longtemps. Les mots ne viennent plus ; marchons.

Malgré les mégots, les canettes qui le jonchent et les tags de Marseillais en Adidas, l'escalier naturel qui mène à l'océan scintille à chaque pas : là-bas c'est un lac de sel, ici une pièce de quartz dont l'absence de couleur exauce la lumière, à gauche est sise une falaise dont les alvéoles poreuses, creusées par le vent, la pluie et le soleil, recueillent les prières des petits enfants. « Écho ! écho ! » crie mon Aurélien, l'oreille aux aguets, sur un fond de vagues métalliques et d'écume dorée.

– Regarde Papa, ici, il y a une autre marche qui a poussé.

– Ah, bon? Tu crois qu'elle a poussé dans la nuit?

– T'as vu? Moi, je fais de la poussière brillante avec mes pieds.

– Tu es prudent, hein, Aurélien?

– Oui, je suis très prudent, Papa, alors tu me tiens la main.

– Aïe!

– Tu t'es cogné?

– Oui.

– Mais Papa, t'as qu'avais te baisser!

– Ben oui, merci.

– Papa?

– *Yes*?

– Tu veux que je t'achète une pétale et une petite écorce sur le chemin des douaniers pour te soigner ta bosse à la tête?

– Non, merci, mon chéri.

– Papa?

– Oui?

– Tu trouves que je suis sage?

– Et toi, tu trouves que tu es sage ?

– Oui. Très sage !

– Alors, c'est que tu fais semblant.

– Non, je fais pas semblant ! Je suis sage !!

– Quand on est sage, on ne crie pas.

– Non. Quand on est sage, on est plus sage que fou.

– C'est vrai.

– C'est beau, la brille dans la pierre, hein Papa ?

– Oui, c'est très beau.

– Ça veut dire que c'est des pierres précieuses.

– Non, c'est des pierres qui brillent, mais elles sont pas précieuses.

– Mais la brille, c'est précieux !

– Pas toujours.

– Parfois quand même, la brille, c'est pire que merveilleux... Tu sais, Papa, tout en haut de l'espace, on dirait que la Terre est ronde, mais quand l'espace approche, on dirait qu'elle est plate.

– Exactement.

– Quand la Terre est ronde, nous on peut tomber dans le ciel ! Papa ?

– Oui ?

– Comment on fait pour tomber en haut ?

– On met la tête en bas.

– Et Papa, est-ce que ça existe, les îles ?

– Ben oui, ça existe. Regarde devant toi.

– Mais ça, c'est pas une île, sur une île il y a des maisons !

– Alors, qu'est-ce que c'est ?

– Je sais pas. Peut-être que c'est un sous-marin qui est remonté à la surface pour respirer ?

– Tu sais, mon grand, ça fait longtemps qu'on marche, on va rentrer, bientôt.

– Non, je suis pas fatigué, je n'aime pas rentrer. Rentrer, c'est dégoûtant !

– Mais où veux-tu qu'on aille ?

– Mais on va là-bas !

– Mais, c'est où, là-bas ?

– C'est plus près de là-bas. Viens, Papa.

L'idée du néant n'est pas le propre de l'humanité laborieuse : ceux qui besognent n'ont ni le temps ni l'envie de peser leur poussière ; ils se résignent aux duretés ou aux niaiseries du sort ; ils espèrent : l'espoir est une vertu d'esclaves.

Hier matin, à l'heure du café, en écoutant France-Culture le rasoir à la main, je reprochais vivement à ce monde sans intérêt les présomptueux qui croient s'exclure du cours ordinaire de la vie.

Il faut dire que, la veille, j'avais arrêté de fumer.

Depuis, j'ai repris.

Je me souviens d'un type en robe de chambre, la cigarette à la main, accoudé le matin au septième étage d'une grande terrasse ouverte sur les Invalides, qui contemplait, tel un empereur, le fourmillement des voitures, des piétons, des cars de flics et des footballeurs en herbe. Je l'imagine bien nourri, bien content de se sentir, un instant, soustrait au monde comme il va. Il fume. Il digère. Il retarde avec délice le moment du caca. Il juge, il aime, il plane, ivre d'indifférence et de lucidité pour la France d'en-bas. Il se tient, debout sur sa terrasse comme d'autres font, en se tenant la panse, craquer le dossier de leur chaise après un bon repas et froncent complaisamment des sourcils repus en songeant à tous ceux qui ne mangent pas à leur faim. Il s'intéresse à l'homme dans l'intervalle de sa tranquillité : c'est quand on a des dépendances qu'on est indépendant; pour décrire la vacuité, il faut avoir le ventre plein. C'est un pessimiste de loin, qui veut du bien à ses semblables comme il pourrait leur cracher dessus. Il est comme un enfant qui joue à se sentir peu de chose en regardant la voûte céleste sur le pont d'un bateau sans renoncer pour autant à croire que, si ça se trouve, ce sont plutôt les étoiles qui tanguent. Il a, pour les autres, des attentions de premier ministre. Le monde est une pièce de théâtre dont il est l'unique spectateur; veuillez croire, dit-il au genre humain, à toute ma sympathie.

C'est la demi-sagesse des panoramas, la sollicitude spécieuse du témoin oculaire, l'égoïsme gigantesque du philanthrope repu qui, lucide et content, se paye le luxe du pessimisme, mais qui, si on lui donnait le choix de se faire très mal ou bien de voir mourir le reste du monde, n'hésiterait pas longtemps à sacrifier l'univers entier (difficile, pour un homme, d'aimer les autres sans s'aimer lui-même aimant). Entre la justice et sa mère, lui aussi choisirait sa mère ; ça ne fait pas de lui un monstre, tout juste quelqu'un qui n'aimerait pas savoir, là où il se tient, que d'en bas l'un des acteurs, l'une des fourmis le regarde en retour, lui aussi, comme un pantin.

« Jadis, dit Nietzsche, le moi était caché au sein du troupeau. Désormais, c'est au sein du moi que se cache le troupeau. »

Belle-île, décembre 1987, soleil de cristal et ma mère qui, obstinément, ne m'admire pas. Elle est assise sur un rocher, les yeux mi-clos, les cheveux sur les oreilles, le visage lissé par la lumière. En désespoir de cause, je me déguise en carte postale : je prends ma petite sœur par la main et je marche avec elle vers le soleil couchant, mais rien à faire, Maman s'en fout, elle a la tête ailleurs, le spectacle ne l'a pas attendrie et j'ai l'air d'un con à tenir cette main qui ne sait pas pourquoi tout d'un coup je la tiens.

Ce n'est pas parce qu'elle ne vient pas l'embrasser qu'un enfant pleure en appelant sa «Maman!», mais c'est parce qu'au contraire, elle y va. Le plus beau cadeau des parents n'est pas l'amour, mais l'indifférence. L'indifférence dit tout d'un monde qui se moque de nous. L'amour parental, au contraire, installe Dieu dans les étoiles et la Terre au centre de l'univers. Le contentement s'apprend avec le silence, alors que les gouzi-gouzis éveillent la hantise du manque. Si ma mère ne m'avait pas dégoûté de ce qu'elle aime, si elle m'avait regardé (comme mon père) quand je faisais le singe, je serais devenu un homme du solennel, je n'aurais jamais accepté que les coïncidences ne fussent pas des signes, je n'aurais jamais aimé Spinoza. Sans Maman, j'étais cuit.

Je me souviens de l'époque du CPE et de ses grandes manifestations contre le risque, où une armée d'étudiants en vacances défilait pour obtenir qu'un patron les respecte à l'heure de les virer.

Il faisait nuit, j'étais à mon bureau, Albertine dormait, le front immobile et les lèvres closes. Le narrateur, penché sur elle, contemplait l'ange et recueillait, comme à la messe, le bruit divin de sa respiration. Albertine dormait. Je m'étais embarqué avec Proust sur son sommeil quand les hurlements des manifs arrivèrent à hauteur de la rue Monsieur-le-Prince : six étages plus bas, deux cents jeunes d'origine française faisaient reculer un car de police jusqu'à la place Henri-Mondor.

Albertine n'en avait cure et dormait d'un sommeil d'ange, « je pouvais prendre sa tête, la renverser, la poser contre mes lèvres, entourer mon cou de ses bras, elle continuait à dormir comme une montre qui ne s'arrête pas... »

« Sarkozy, on t'encule ! » chantaient en chœur les contribuables de demain qui désossaient à grands coups de batte la pauvre camionnette qu'avaient abandonnée ses occupants en uniforme. Quelques heures plus tard, tout le monde était couché.

Le monde appartient à ceux qui ne dorment pas.

Si la philosophie a une histoire, le bonheur qu'elle procure n'en a pas. La perfection n'est pas de ce monde, elle est le monde lui-même, mais les hommes – subissant la loi d'un désir qui les porte au-delà de ce qu'ils peuvent – trouvent parfois la terreur en cherchant Dieu, et la dictature, en cherchant la liberté. L'homme est une conscience en exil bâtie pour être le centre d'un monde qui, pour son malheur, n'a pas de centre et s'en fout.

Schopenhauer n'est pas mécontent d'affirmer, dans le vide, que la vie est un combat perdu d'avance (comme s'il lui suffisait de savoir qu'il va mourir pour que ça n'arrive plus). La philosophie est un sport de riches, dit-il, trop coûteuse pour un salaire de professeur. Ceux qui doivent gagner leur vie ne peuvent tenir l'existence pour une perte. De fait : comment enseigner l'absence d'espoir quand on dépend d'autrui ? Comment enseigner le néant quand on le fait pour s'enrichir ou – pire encore – pour survivre ? Pour que l'hypothèse du dénuement soit indifférente (et donc pensable), il faut manger mieux qu'à sa faim. Kant lui-même ne dit pas autre chose quand il affirme au détour d'un paragraphe que, même si le bonheur – que cet amateur de café réduit platement au bien-être – est un idéal indigne de l'homme, il faut être «heureux» tout de même (c'est-à-dire bien manger) pour ne pas être tenté d'enfreindre ses devoirs. Si Schopenhauer, dans son coin, parvient à penser que le monde est absurde, c'est que lui-même se tient à l'écart, déteste les foules, ne se mélange pas au troupeau qui braille, martèle, encense, lynche et fait claquer les fouets. Les grands hommes de pensée sont de grands ruminants que les trains regardent en filant vers le pire. Pour penser l'immanence, il faut vivre en hauteur. Pour être lucide, il faut être privilégié; il suffit, à l'inverse, pour penser comme tout le monde et vivre dans l'espoir, d'avoir le nez dans le guidon.

La réalité n'est pas un cadeau quand on la dépouille de tout ce que, par une faiblesse nécessaire, les hommes ont la crédulité d'y voir. Le monde n'est plus là pour lui faire plaisir quand l'homme renonce à l'illusion d'en être le centre. Peu importe à l'histoire que nous soyons fourbes ou vertueux, heureux ou malheureux. Peu importe au réel qu'on essaie de l'améliorer ou qu'on lui substitue, par la foi, la mauvaise foi, l'utopie, le messianisme ou la passion, un idéal imaginaire. Peu importe qu'on vive de travers et qu'on se tue.

Un matin qu'il revenait, fourbu, des bordels de Sibiu, sa mère accueillit Cioran aux cris de « Si j'avais su, j'aurais avorté ! ». Sa vie n'avait donc tenu qu'à un fil : il est devenu philosophe aussitôt.

Cioran adorait le métro aérien ; Clément Rosset adorait Cioran. Je les vois, la main de l'un sur l'épaule de l'autre, dans la rame qui traverse le pont de Bir-Hakeim ; Cioran sanglote, Rosset sourit et le console : « On dit que vos écrits sont déprimants, mais moi qui passe pour un philosophe de la joie, je contresigne tous vos aphorismes. – Hélas, mon cher, répond le Roumain en pleurant de plus belle, ce que je dis, c'est la vérité ! » Il y a deux façons d'être lucide. La tristesse ou la joie. L'aphorisme ou l'anecdote.

Survit en Cioran, comme un antalgique pathogène, un poison-médicament, le fantôme du Dieu des chrétiens, ce « néant suprême » dont il garde, malgré lui, la nostalgie, au risque de transformer la lucidité, ou l'athéisme, en vaccin contre la vie.

Surgit en Rosset, comme une vertu collatérale, le goût d'une joie sans cause, une «force majeure» qui, faisant son deuil de l'espérance et des mondes parallèles, remplace le vague à l'âme par l'aptitude jubilatoire à soutenir le pire et à se réjouir, malgré le monde, de la vie comme elle va.

La tristesse et la joie, l'élan mortel et l'élan vital, l'alternative terrestre, le rire et la mélancolie sont les deux faces d'un même dénuement, l'envers et l'endroit du désarroi. Mais la tristesse est une mauvaise question que l'homme adresse au monde – la question d'un sourd à un muet –, alors que la joie est une belle réponse qui remplace la morale par les bonnes manières, et les larmes par un sourire de silence. Sans espoir, nulle déception : si Dieu est mort, rien ne m'empêche de tuer mon voisin, mais si Dieu n'a jamais vécu, rien ne m'y pousse. Le goût déçu de l'au-delà ne survit pas à l'art d'obtenir du réel plus qu'il n'offre. Face à la légèreté, la pesanteur ne fait pas le poids.

Le monde n'est pas là pour nous faire plaisir, «la vie est une guerre sans trêve où l'on meurt, les armes à la main », promet le rentier Schopenhauer qui, sachant l'univers irrémédiablement muet, ne supporte pas le vacarme de ses semblables (il paraît même qu'il fit tomber un jour dans l'escalier une mégère au nom français dont le bruit des talons le rendait fou). « Pour appeler, dit-il, ce sexe de basse taille, court sur pattes, étroit d'épaules, large de hanches, le « beau sexe », il a vraiment fallu que l'instinct sexuel embrume l'intellect masculin. » La misogynie (de Schopenhauer, comme du premier venu) est un mal radical, un adversaire redoutable, un racisme bon enfant qui, pour couronner le tout, suscite et justifie le féminisme, comme la haine engendre la haine de soi.

Schopenhauer connaît trop le chaos pour ne pas aimer l'ordre établi. En cas d'émeute, l'agoraphobe déserte son rez-de-chaussée *cosy* pour se réfugier au premier étage, le revolver à la ceinture, et montrer du doigt aux soldats autrichiens les insurgés qu'ils n'ont pas encore abattus. Mais cet égoïste parfait, le plus cynique des grands bourgeois, l'ami des militaires, le mieux nourri des nihilistes, le moins con des antisémites, le philosophe au nom de compositeur, l'homme qui déteste qu'on le méprise mais qui méprise la gloire quand elle lui tombe dessus est aussi, bizarrement, le meilleur ami du genre humain, ou l'un de ceux qui le connaît le mieux. S'il se coupe du monde, s'il reste bien au chaud, c'est qu'il est des douleurs plus grandes que la faim. La solitude tranquille et parfumée de Schopenhauer est la façon qu'il a trouvée de souffrir à notre place de la seule maladie qui vaille : l'ennui.

Nietzsche n'a pas vingt ans quand, s'arrêtant à la devanture d'une librairie de Leipzig, il fait la connaissance de Schopenhauer. Dans *Le Monde comme volonté et comme représentation* qu'il emporte avec lui et dévore en six nuits de quatre heures chacune, l'apprenti découvre qu'il faut être malade pour être médecin, qu'aucune bête n'a jamais regardé le ciel en face, que les religions sont des vers luisants qui, pour briller, réclament l'obscurité, mais qu'elles sont nécessaires au peuple quand bien même elles éloignent de la vérité. Il apprend que les géants ne chaussent pas les souliers des nains, que l'esprit se couvre de mensonges comme le corps se couvre de vêtements, que l'égoïsme est le motif capital de l'homme et de la bête, que l'existence persistante de l'espèce humaine prouve sa lubricité, que le monde est lui-même son propre jugement dernier, que l'art sauve de la vérité, qu'avoir l'esprit philosophique, enfin, c'est être capable de s'étonner des événements les plus ordinaires. Nietzsche est à l'âge où l'on ne plaisante pas, et il se saoule de ce monde où les causes ne sont plus que des coïncidences : « Que cherchons-nous ? écrit-il à sa sœur. Le repos, le bonheur ? Non, rien que la vérité, tout effrayante et mauvaise qu'elle puisse être... » Courage et liberté : le jeune philosophe danse assis, tout seul, à l'ombre des bougies.

On dit en général du vieux Schopenhauer que son ontologie, qui sépare le réel en volonté et représentation, demeure métaphysique, et que son pessimisme, à l'inverse, diagnostiquant le pire à toute heure, fait de lui l'ennemi juré de la transcendance... C'est le contraire. Schopenhauer croit encore en Dieu quand il est pessimiste. L'homme qui reproche à Dieu la misère de ce monde continue d'espérer en lui (le regret n'étant qu'un espoir à l'envers). Haïr Dieu relève d'une pensée elle-même théologique, qui fait au divin l'honneur de pouvoir être jugé. Il y a encore bien du théisme dans le dépit du vieil Arthur. Ci-gît, sous la défiance, l'élan d'une foi trahie. Comment – pourquoi – reprocher à Dieu d'être mort quand on sait qu'il n'a jamais vécu ? Le pessimisme de Schopenhauer est une erreur imparable, une lâcheté, une évidence bizarrement dogmatique qui lui vient d'un orgueil mal éteint. Pauvre homme, qui voudrait, comme tous les pessimistes, ne pas être lucide et ne manger qu'une fois pour ne plus avoir faim…

« Prenez, dit-il, le plus endurci des optimistes, promenez-le à travers les hôpitaux, les prisons, les chambres de torture, les hangars à esclaves, il verra bien alors ce que c'est que son meilleur des mondes possibles. L'optimisme est pire qu'une façon de penser absurde ; c'est une odieuse moquerie, en face des inexprimables douleurs de l'humanité. »

Fastoche. L'homme qui prédit le pire ne prend aucun risque. Le pessimisme est confortable, c'est un camp comme un autre, avéré par la nature humaine, garanti par l'envie d'être déçu. Le pessimiste est un lucide à mi-chemin, une dupe des cadavres qui a le mérite d'admettre que les hommes meurent, mais le tort de confondre encore l'être qu'il aimait avec le corps sans vie qu'il a maintenant sous les yeux. « Le pessimiste, dit Clément Rosset, s'accorde un bénéfice : en affirmant le malheur, il affirme toujours quelque chose. » L'homme inconsolable de savoir que les apparences ne cachent rien continue de croire que l'essentiel est invisible pour les yeux. Être pessimiste, c'est regretter ce qu'on croit savoir; être sage, c'est aimer ce qu'on ne connaît pas encore.

«Tiens, regarde, c'est mon Cioran», me dit Papa un jour au Luxembourg, en désignant du doigt le costume brun qui squattait un banc. «Alors, petit, est-ce que ton père te donne des cours de pessimisme? demanda le misanthrope en passant sa vieille main dans mes cheveux. – Oui, Monsieur Ran.»

Il souriait.

Plutôt Nietzsche et sa grande santé que son vieux maître Schopenhauer, petite nature incapable de descendre de sa montagne pour retourner vers les hommes. Quand Schopenhauer constate l'absence de fondement, ça le met de mauvaise humeur; quand Nietzsche observe l'étrange besoin que nous avons d'attribuer une cause au monde, ça le met en joie. Schopenhauer biaise avec l'évidence de la mort en désirant ne plus désirer, tandis que Nietzsche voudrait construire des villes au pied du Vésuve et «fixer la valeur d'un homme d'après l'ampleur et la diversité de ce qu'il peut supporter et assumer». Schopenhauer succombe et fait la sieste, Nietzsche regarde le soleil, assume, et se brûle en pensant. Nietzsche est seul, Schopenhauer est suffisant. Schopenhauer déteste la douleur, Nietzsche prend des risques et «porte le oui, jusque dans l'abîme».

Mieux vaut souffrir à l'infini des douleurs qui nous sont épargnées qu'osciller toute sa vie entre la solitude et la vulgarité. Mieux vaut, d'un même amour, détester tout le monde qu'aimer le genre humain dans une semblable haine de soi.

Aux yeux du grand public, Schopenhauer est donc un grognon qui, face à la mort, se demande «À quoi bon?»; à l'œil d'un lecteur attentif, Schopenhauer est un sage qui se moque et sourit des hommes que l'ignorance d'eux-mêmes «fait ressembler à la feuille de l'arbre qui se voit jaunir à l'automne, est tout près de tomber, et se lamente sur sa fin prochaine au lieu de trouver consolation en songeant à la fraîche verdure qui au printemps reviendra habiller l'arbre». Contrairement à ce qu'en disent les demi-habiles qui subodorent à tout bout de champ le retour des arrière-mondes, «l'irrationnalisme» de Schopenhauer (ou l'art de voir à l'œuvre, comme un secret du quotidien, un vouloir sans objet sous chaque représentation), est exactement le geste génial d'un homme qui s'aventure pour la première fois dans l'usine à gaz où se forgent les idéaux. Quand il montre l'égoïsme à l'œuvre sous les intentions nobles, loin de fuir les apparences Schopenhauer éprouve (ô joie!) que le monde est sans fondement et ne renvoie qu'à lui-même.

Comme dit Clément Rosset (qui est à Schopenhauer ce que l'arc-en-ciel est à la pluie), on résume Schopenhauer en disant : «Le monde est sans joie, donc il est sans raison», alors qu'il faudrait dire : «Le monde est sans raison et, éventuellement, il est sans joie.» De fait, quand il est irrationnaliste (ou quand Dieu n'existe pas), Schopenhauer donne

Nietzsche. Mais quand il est pessimiste (ou quand Dieu est criminel), Schopenhauer débouche sur Maupassant : c'est moins bien.

Si Schopenhauer était cohérent, il ne serait pas seulement bon vivant, mais heureux. Hélas, pour son malheur, avant d'être un enfant, Schopenhauer est un chameau qu'un reste de théisme sépare, une fois pour toutes, de la joie qu'il permet. Pourquoi le réduire au pessimisme et à l'amertume? Certes, il détestait la douleur, il avait peur de mourir, il adorait la bonne bouffe et il était politiquement très con, mais l'homme singulier qui meurt serein après avoir légué l'essentiel de sa fortune à son caniche et à l'armée prussienne mérite mieux que ça.

J'imagine un amant qui aurait vécu toute sa vie auprès d'une femme, qui l'aurait aimée passionnément, et ne lui aurait jamais rien demandé, et mourrait sans rien savoir d'elle.

Dix-neuf heures. Le soleil s'étale, un vent de terre retrousse les vagues, la mer frissonne et s'écarte lentement sous la caresse des voiliers. Il fait encore si beau que la lune se prend pour un nuage. Mon amour est assise sur les talons, face à la baie. Ses yeux de sphinx dévorent la lumière. L'horizon dévisage le cristal vivant qui emprunte à la falaise les lignes claires de sa silhouette; mon amour a le soleil profond.

Elle plonge. Elle est au bout de la mer. Sourire à contre-jour, dans une eau noire aux éclats de fer. «Viens, mon homme! N'aie pas peur!» Tu parles. Sous la mer il y a des méduses d'un mètre, des murènes venimeuses et des requins blancs : plutôt mourir que mourir dans l'eau. Je suis tout près du bord, j'ai les pieds dans la mousse, je n'irai pas plus loin. « Mais viens, mon homme ! C'est si bon. » Je suis l'un des hommes, l'homme en chef, d'une sirène fêlée qui lance des vocalises dans le vacarme du vent. « *I thought I found the man of my dreams, now it seems… This is how the stoôôôry ends… He's going to turn me down and say can't we be friends…* » Au milieu de néant, mon amour existe à l'infini. Sa langue est d'eau salée, le sépulcre est un diamant, son visage parfait dit mieux que tous les autres le passage du temps. Elle est l'endroit du décor, belle même quand elle sait qu'on la regarde, elle offre le présent, rien de moins ; elle est celle qui, seule de son espèce, est toujours à sa place. Tout ce qui n'est pas elle est en exil sur Terre.

Sa vie n'est pas la mienne, on se croise le matin, sous le chant des oiseaux, « Bonjour mon homme, tu as bien dormi ? », puis je me lève, elle se tourne et je n'existe plus. C'est la seule inconnue que j'aie jamais rencontrée. Le seul être qu'on cherche, une fois qu'on l'a trouvé.

Aimer, c'est être séparé.

Je me souviens du Moyen Âge où mon père m'obligeait à enfiler mon survêt' jaune hyper-droit pour taper comme un âne, le mercredi après-midi, sur une balle en plastique, au milieu des enfants de mon âge et de leurs nez morveux qu'ils mouchaient dans les feuilles des marronniers. « Ouah, vas-y, trop d'la balle ! »... C'était les années quatre-vingt, la décennie décatie où la banlieue prit le pouvoir pendant que le Quartier latin, nouveau musée, flattait le touriste en racontant son histoire au dos des menus ou sur les murs des grandes écoles. Il fallait parler comme on vomit (« Ça vhâah man ou kôua » ?), danser sur NTM et se passer la main dans les cheveux sous l'œil des filles qui ne regardaient pas. On disait : « Nique tââa mère ! Police partout, justice nulle pâârt ! ». J'avais treize, quatorze ans... l'âge où les parents irresponsables se séparent en regrettant d'avoir fait des enfants tandis que les petits d'homme fument des kilos de shit coupé au pneu. C'était l'époque où je marchais les jambes arquées pour laisser croire que j'en avais, où je parlais comme chante Étienne Daho pour masquer les trilles tardifs de ma voix d'enfant. C'était l'époque où je faisais, selon un pédiatre pied-noir et sans pitié, mon «ralentissement pré-pubéral», façon de dire que, malgré mon âge, je n'avais pas encore de poils aux couilles et que j'évitais comme le pire les douches collectives après le foot. Quand on a treize ans, on en a toujours quatre, sauf qu'on bande tout le temps et que plus personne ne vous lave. Les autres, mes congénères, muaient pour de vrai, polluaient leur lit et portaient fièrement sur leur visage idiot de vrais boutons juteux, blancs comme de la neige molle, qui giclaient pendant les cours sous leurs ongles sales. Je les plaignais. Je les enviais. J'enviais leur sale gueule, leurs cheveux gras, leur voix nasillarde et leur liberté. J'enviais ces glaireux insouciants qui avaient sur moi l'avantage définitif d'accepter qu'on ne les aime pas. J'étais plus petit, donc j'étais plus vieux. J'étais en apparence bien intégré mais, au fond, je séjournais dans cet univers comme un sexagénaire se promène dans une soirée, le huitième verre à la main, parmi les nymphes qui l'ignorent et les étalons qui bandent à l'infini.

L'adolescence n'est pas une affaire d'opinion, mais une affaire de certitude.

À douze ans, l'adolescent compte ses poils et veut bien faire ; à quatorze ans, l'adolescent regarde sa queue, dépité mais plein d'espoir ; deux ans plus tard, l'adolescent s'engage en politique pour un monde plus juste ; à dix-huit ans, l'adolescent conteste le pouvoir, à cinquante-cinq il s'y agrippe ; à tout âge, l'adolescent vote « non » au référendum sur le Traité constitutionnel européen, grisé de croire, un dimanche matin, qu'avec son bulletin de vote, il humilie les riches et appauvrit les puissants.

L'adolescence, c'est l'homme en colère, le militant qui menace, pêle-mêle, le Coca-cola, les États-Unis, l'injustice, la télévision et la loi du marché, c'est l'ami des hommes qui joue à l'insoumis en enfonçant des portes ouvertes avec le sentiment grisant de prendre d'assaut la Bastille (mais où est la lucidité chez celui qui veut être seul à voir et à contester ce que tout le monde dénonce et que personne ne lui cache ?). C'est Michel Onfray, c'est Pierre Marcelle, ces marchands de vertu, ces rentiers du mécontentement, ces révoltés de Panurge, ces tempéraments grégaires qui se flattent comme tout le monde d'être seuls contre tous, ces marginaux majoritaires que le marché salarie pour être les exceptions inoffensives qui lui permettent d'affermir tranquillement sa tutelle sur les consciences. Avant d'être l'opinion fausse des gens qui ont tout à apprendre, l'adolescence est le vice incurable des gens qui savent. Elle reconnaît comme on digère, elle est le breuvage tiède et fade que les humains s'administrent chaque fois qu'ils veulent, ensemble, changer le monde plutôt que leurs désirs. L'adolescence croit qu'il suffit de lire Épicure pour jouir, de comprendre Kant pour être un humaniste, ou de brandir Nietzsche pour être indépendant. Elle est comme ces conducteurs distraits qui attendent, au carrefour, que le «stop» passe au vert, ou ces hommes qui, oubliant qu'ils ne sont plus des enfants, s'achètent des vêtements trop grands dans l'espoir qu'ils dureront davantage.

Quand il trompe sa femme, l'adolescent se sent coupable. Quand sa femme le trompe, l'adolescent se sent trahi. À la fin de la vie, l'adolescent ferme sa porte à double tour, enlève son dentier puis se couche en regrettant que décidément, tout se perde. Quand il meurt, l'adolescent se demande pourquoi. Mais il n'y a pas de pourquoi. C'est comme ça. Qu'on ait vingt ans, qu'on soit grand-père, quand on est adolescent, on est adolescent.

La différence entre l'adolescence et la bêtise, c'est que la bêtise est aussi la fin paisible des repas, le moment où les gens ne parlent plus mais somnolent de concert et où, tout bêtement, ils sont heureux d'être ensemble. La bêtise dit : « Oh, mais... », la bêtise dit : « Moi, monsieur ! », la bêtise est tranquille comme le sommeil qui vient, l'enfance qui piaffe et la violence qui s'en va. La bêtise baisse la garde et ferme les yeux, comme Aristophane, à la fin du *Banquet*, s'endort devant Socrate. Dans le *Dictionnaire des idées reçues*, Flaubert désigne l'imbécile comme « celui qui ne pense pas comme vous ». On pourrait ajouter, sans dire de bêtises, qu'à la différence de l'adolescent l'imbécile est heureux.

Ils sont tendres, libanais, séfarades ou arméniens ; ils s'offrent les livres par collections, qu'ils rangent, proprement, sous vitre ou dans des placards, et ils ne connaissent de Victor Hugo que l'avenue éponyme.

Ils portent fourrure, ils roulent smart, ils achètent écran plat, ils chaussettent Missoni, ils aiment Israël et le Paris-Saint-Germain, ils s'appellent « fiston », ils passent l'été à Venise ; ils bousculent les vedettes, ils respectent les pauvres, ils jouent les anges gardiens, ils dévorent les quatrièmes de couverture, ils vont à dix dans les expositions, ils se racontent la même histoire, ils sont d'accord sur tout, ils rient tout rouge en se tapant dans les mains et ils rincent le serveur qui les appelle « Docteur ». Ils parlent de Proust à tout bout de champ mais ils croient que Balbec est une ville du Liban. Je les aime, pourtant, mes Verdurin. Je les trouve gais, je les trouve généreux.

On dit que la bêtise est souvent, à droite, dans son élément, mais ceux qui le disent oublient qu'elle prend non moins souvent, à gauche, la forme redoutable – incurable – de l'intelligence. Comme dit Montaigne : « Autant peut faire le sot, celui qui dit vrai, que celui qui dit faux. »

21 avril 2002. Lionel Jospin déserte, en coq vaincu, le navire qu'il a naufragé tout seul, tandis que Jacques Chirac, en poule mouillée, brandit l'antifascisme pour refuser de débattre avec Le Pen.

Je suis aussitôt devenu «socialiste» : je suis allé aux réunions de section parler d'avenir et de genre humain avec des instits et des «associatifs», des énarques et des producteurs fauchés qui communiaient deux fois par semaine dans le refus consensuel du gouvernement Raffarin et de la diplomatie américaine. J'ai rendu quinze pages sur le «socialisme libéral» à la *Revue Socialiste*, sous le titre «une main de velours dans un gant de fer», que des correcteurs incapables de lire autre chose qu'un lieu commun ont re-titrées «une main de fer dans un gant de velours». J'ai écrit pour François Hollande une tribune sur le régime de Fidel Castro dans laquelle je lui faisais réclamer, «en tant que socialiste», la liberté de la presse, la libération des prisonniers de conscience et l'instauration du suffrage universel... ce qu'il a remplacé, dans la version finale, par «nous souhaitons, de tout cœur, une amélioration». J'ai travaillé pour Laurent Fabius dont les sherpas m'avaient embauché pour attaquer la gauche du parti avant de me demander, un an plus tard, d'écrire exactement le contraire. J'ai côtoyé des surdiplômés populistes, des Messieurs Guevary qui s'indignaient de la «mainmise des élites sur notre pays »... J'ai fréquenté des féministes que la question du voile contraignait à penser contre elles-mêmes, et des élus que la question européenne contraignait à mentir à leurs électeurs.

J'ai même poussé le zèle jusqu'à boire du Perrier.

Avant ça, j'avais été membre actif du comité de soutien à Lionel Jospin. Mon seul devoir consistait à me rendre tous les mardis soirs, de six à huit, dans le palais de Jean-Paul Gaultier, pour y applaudir beaucoup de mal de Jacques Chirac avec des gens vaguement célèbres et d'anciens puissants qui haïssaient les nouveaux riches. C'était chic et c'était inutile. C'était l'aristocratie déchue d'un pays de province, les cinquante ans des années quatre-vingt. J'avais honte d'être là et, hormis quelques iconoclastes capables de dire, en petit comité, qu'ils trouvaient insupportables ces méchantes Antillaises – bêtes comme des Françaises et racistes comme des noires – qui font régner la loi aux guichets de nos mairies en mêlant à haute voix le jargon administratif à leur accent ridicule, je trouvai déjà, dans leur ensemble, les socialistes nettement insuffisants. Mais j'étais insoupçonnable : j'avais mis une écharpe rouge.

Dix-sept heures, début mai. Trêve de soleil. Un vent sombre s'est levé. Quelques nuages farineux dissipent la grande lumière et brouillent les ombres. Quand le soleil se cache, le vent se lève ; c'est un fait, quoique ça n'ait rien d'une cause. Deux petites mains, que je n'avais pas entendues, glissent sur mes épaules et viennent se poser sur mes yeux.

– Papa, devine qui c'est !

– Euh... je crois que c'est un petit scarabée.

– Non, je suis un cirrus !

– C'est quoi, un cirrus ?

– Mais c'est un nuage ! Tu sais rien ou quoi ?

– Ah, un cirrus ! Bien sûr. Alors, ça veut dire que tu habites dans le ciel ?

– Oui, juste au-dessus de la lune, mais, le jour, ma maison est cachée par la lumière, alors on peut pas la voir, mais c'est pas grave, c'est la vie.

– C'est la vie.

– Tu sais, Papa, moi j'ai prendu un papillon et il bougeait encore dans mes mains.

– C'était un papillon de nuit ?

– Non, c'était un papillon du matin, mais cette nuit, j'ai rêvé de deux géants petits.

– Ah, bon ? Et ils étaient grands quand même ?

– Non, pas très grands, mais ils étaient très courageux.

– Et ils faisaient quoi ?

– Je me souviens plus très bien, mais c'est pas grave.

– Et toi, tu es courageux, toi ?

– Oui, moi je suis courageux, mais parfois je ne suis plus courageux.

– Comment ça ?

– Mais je t'explique ! Le courage, ça dure pas éternellement, ça peut partir, le courage, et aller dans un autre enfant...

– Mais non, quand on est courageux, on est courageux.

– Papa, tu veux te battre un petit peu au judo et même si je perds c'est pas grave ?

– Non, Aurélien, je travaille, mon grand. Tout à l'heure.

– Mais Papa, une minute !

– Non, je suis fatigué.

– Mais non, t'es pas fatigué. Toi, t'es jamais fatigué, alors on joue, et c'est tout !

– Aurélien… s'il te plaît. Tu veux pas revoir *Aladin* ?

– Mais je l'ai déjà vu ce matin !… Papa ?

– Oui.

– Pourquoi dans *Aladin*, Jaffa il est très très méchant ?

– Parce qu'il aime le pouvoir.

– C'est quoi le pouvoir ?

– C'est quand les gens t'obéissent mais ne t'aiment pas.

– Moi, je veux qu'on t'aime même quand on obéit à moi.

– Ça, c'est pas le pouvoir, c'est la puissance.

– Moi, je veux la puissance !

– Oui, et tu veux pas aller jouer ailleurs, aussi ?

– Papa, pourquoi il y a du sel dans l'eau de la mer ?

– Aurélien, merde !

– Il faut pas raconter merde ! Il faut raconter zut !

– Oui, tu as raison. « Merde », c'est vilain.

– Un jour, Maman, quand elle était grande, elle a dit merde !

– Non ? Oh !

– Si ! Et après elle a dit zut.

– Et pourquoi elle a dit zut ?

– Parce qu'elle avait dit merde !... Papa ?

– Quoi ? Quoi ? Quoi !

– Tu arrêtes de crier, sinon je m'énerve.

– Laisse-moi tranquille, Aurélien, *please*.

– Méchant Papa ! Tu n'as pas mérité de fleur ! Aucune !

– Aucune.

– Papa, je peux rester tout seul, s'il te plaît ?

– Hein ?

– Papa, il se casse pas, ton ordinateur, si on jette de l'eau dessus ?

– Si, il se casse. Il faut surtout pas le faire.

– Et si on jette de l'air, il se casse aussi ?

– Non, l'air, ça va.

– Papa ?

– ...

– Papa ? Tu es sourd ou quoi ? Tu as des cailloux dans les oreilles ?

– Non, j'avais la tête ailleurs.

– Tu avais la tête sur les épaules ?

– Non, j'avais la tête dans les étoiles.

– Papa, tu sais ce que c'est, un orage ?

– Euh... Oui. Un orage, c'est quand y a un truc de pression qui fait que ça explose en l'air avec de l'électricité, tout ça.

– Mais non, tu dis des bêtises ! Un orage, c'est des arbres invisibles qui se cassent.

– Ah, bon ? Et ils repoussent ensuite ?

– Oui, après ils repoussent.

– La tête en bas ?

– Ben non. La tête en haut. C'est la racine qui pousse la tête en bas.

– Tu as raison.

– Tu sais, Dieu il a dit que les éclairs vont tous tomber par terre, quelquefois.

– Dieu, il dit rien du tout.

– Si Dieu, il parle ! Mais on l'entend pas très bien.

– Pourquoi ?

– Parce que Dieu, il a fabriqué les planètes, mais pas les maisons.

Le vent s'emballe, bientôt les volets claquent, la lune se lève et le ciel s'assombrit : un premier éclair frappe l'océan, il faut relever la bâche et rentrer les coussins.

Virginio sort, à pas lents, du bureau qui donne sur la terrasse, dénoue comme un marin les cordes blanches qui maintiennent la toile et se dirige vers la grande manivelle de fonte, aussitôt rejoint par Taïpi qui miaule une caresse, et par Bambi qui dépose, suppliant, une balle à ses pieds. La vie est courte, rien ne presse, il faut prendre son temps. «Quand tu auras fini de taper à la machine, tu pourras m'aider ! – Excuse-moi, j'ai fini. J'arrive.»

Quand Virginio était là, il empêchait que le monde se défasse, les murs tenaient tout seuls, c'était le gardien du temps. Maintenant qu'il est là pour toujours, les murs tanguent et l'édifice vacille, mais il témoigne, à chaque pierre, des gestes patients qui lui donnaient de la tenue. Virginio n'est pas mort, il est plus que vivant. La vie ne s'arrête à personne. La mort est une caresse de vent, un départ sans but, une ombre portée, la métamorphose qui ne change rien, une façon simple d'aimer autrement dans le seul monde possible. Chacun vit jusqu'à nouvel ordre. La vie s'estompe et reste. Tout change et rien ne change, c'est merveilleux. « L'endroit où tu étais demeure, dit Pessoa, sans que tu y sois ; la rue où tu passais demeure sans qu'on t'y voie ; la maison où tu vivais est toujours habitée, mais par un autre que toi, c'est tout. »

Depuis près d'un mois, le ciel du château est hanté par un albatros égaré sur ces terres à mouettes, qui ouvre des ailes d'ange gris sur nos têtes orphelines ; si je croyais en Dieu, je n'y verrais qu'un signe banal, une excuse céleste. Mais heureusement qu'Il se tait. Seule l'intuition d'une nécessité aveugle donne leur valeur de miracle aux coïncidences. Le silence du monde est une preuve du hasard.

Sa mort nous sépare, la mienne ne nous réunira pas, mais c'est déjà un miracle que nos deux vies aient pu si longtemps s'accorder.

La première fois que Nietzsche vit Lou Salomé, il la trouva franchement irrésistible. C'était un matin de 1882, sur le parvis luisant de l'église Saint-Pierre. La «jeune Russe» allait avoir vingt ans; elle était, quoique ingrate, séduisante à l'extrême, et elle estimait déjà, sans le connaître, l'homme dont son amie Malwida lui avait fait un portrait flatteur. À la différence de la mère et de la sœur de Nietzsche, Lou n'avait pas la méchanceté des victimes que l'habitude de la soumission transforme tôt ou tard en assassins ou en chair à tyrans. Fine, inspirée, vaillante, intransigeante, l'héroïne savait se taire et l'écouter… Le jeune vieillard s'éprit d'elle aussitôt ; «Voilà une âme qui s'est fait un petit corps avec un souffle.» Il lui raconta l'enfance, la maison pastorale, ses déceptions, ses hallucinations, la découverte de Schopenhauer, la vie sans Wagner et le monde sans Dieu. Lou était à ses yeux la plus intelligente de toutes les femmes, celle qu'on ne rencontre qu'une fois, et le seul être qui fût assez libre pour partager son aventure. «Me marier ? Jamais. Il faudrait que je m'établisse menteur quelque part», dit-il à Paul Rée. C'est ce dernier, pourtant, amoureux lui aussi, qui fut chargé par Nietzsche de transmettre sa demande à Lou. Elle refusa, il insista, ils s'écrivirent, et ce fut tout. «J'ai vu en vous, disait-il, cet égoïsme sacré qui nous force à servir ce qu'il y a de plus haut en nous. – La vie sans toi, disait-elle, ce serait beau, pourtant, toi aussi, tu vaux qu'on te vive ! – Adieu, chère Lou, je ne vous reverrai plus. Je n'ai pas lu votre lettre jusqu'au bout, mais j'en ai trop lu.»

Nietzsche connut des euphories, des extases, des plaisirs et même des joies, mais il n'eut qu'un seul bonheur, une seule faiblesse… Qu'importe la suite ? Grâce à Lou, une robe a passé dans sa vie, pour lui apprendre qu'en amour celui des deux qui part n'est pas toujours celui qui s'en va.

Nietzsche, marié ? Et pourquoi pas le Pape ?

Le mariage, c'est le sédatif qui tue, l'ataraxie, la morphine, le calme après les drames. Aucun amour n'échappe à la douleur, mais aucune douleur ne résiste à la routine qui, sans rien changer, remplace insensiblement l'être qu'on aime par l'être qu'on voit tous les jours. Le mariage est, comme l'habitude ou l'ennui, l'apprentissage du réel ; moins on veut déshabiller l'autre, plus on connaît sa peau, plus on le voit comme il est, avec ses cernes, ses odeurs, ses compulsions, ses bassesses et son mauvais goût. Le mariage est une castration légale où l'insoutenable légèreté s'efface devant la pesanteur dormitive... L'amant avait de la peine ? Le mari sera peinard. Après l'angoisse, l'ennui ; après la passion, la fidélité ; après le printemps, le monotone. Tant qu'on s'aime, on est séparés, mais quand on se marie, on s'éloigne. Tant qu'on l'aime, l'autre se refuse ; quand on l'épouse, l'autre prend votre nom. Le mariage, c'est la déception consentie, la débandade unanime. À quoi bon souffrir d'aimer ?

Mieux vaut s'enterrer ensemble. Les mariages sont des funérailles en blanc où, comme par enchantement, l'amour et le désir sont inhumés sous les vivats des amis. Plutôt mourir que souffrir, se dit à lui-même l'homme qui se passe la bague au cou, remplaçant ainsi, d'une bénédiction, les douleurs infinies de l'enfance par les tourments minuscules de l'âge adultère.

Si vous êtes croyant et que le suicide vous est interdit, ne vous en faites pas, vous pourrez toujours vous marier. La drogue est prohibée mais le mariage est légal, et c'est tant mieux ; comment ferait-on sans le recours à l'euthanasie du sentiment, sans la cendre sous la braise, la glace sous le feu ? Le mariage, c'est l'heureuse fin du début. Le mariage, c'est Sarkozy. Le mariage, c'est la loi.

A 2789. C'était le code de la porte en fer rouge qui séparait la rue Dauphine de sa cage d'escalier. Après ce drôle de millénaire que je tapais à toute vitesse et les yeux fermés, je devais emprunter un couloir bordé de boîtes à lettres, traverser la cour à mégots que surplombaient, des quatre côtés, autant de fenêtres identiques, gravir, rampe en main, deux étages de marches bancales avant de gratter, plusieurs fois, le vantail de la porte qu'elle ouvrait d'un sourire calme et les cheveux en bataille. Elle avait les yeux bleus, elle avait la peau fraîche, tout son corps avançait quand elle tendait la bouche. Sans être innocent, mon désir n'était pas coupable.

La pièce n'avait pas de fenêtres et sentait la nuit à toute heure : je me souviens de quelques tiroirs, sur la droite, d'un lit à une place posé sur une moquette propre et d'un arc-en-ciel Kurosawa sur le mur blanc. J'arrivais, le cœur battant, je repartais le cœur battu, vainqueur fugitif, désespéré de mes deux vies, incapable d'en choisir une ou d'abandonner l'autre. Il était vingt-deux ans, j'aimais Héléna comme un enfant s'agrippe à son rêve et conjure le réveil en plissant bien les yeux. Elle était comme tout le monde, elle aimait Nirvana, elle était l'autre monde, les voyages que je n'avais pas faits, la vie normale que je n'avais pas eue, la vie de tout le monde, la vie rêvée qui disparaît quand succombe, avec le temps, la tentation de tout recommencer. Je la prenais dans mes bras, je l'embrassais sans fin, serrant contre mon cœur de mari précoce des plaisirs qui n'étaient plus, déjà, que des espoirs.

Trois ans d'amour sans lendemain, c'est toujours ça de donné.

Comme tous les hommes mariés, j'étais en liberté conditionnelle et je vivais, tant bien que mal, dans la hantise d'une fouille corporelle ou d'un contrôle aléatoire de ma chambre qui m'enverrait six mois au cachot. Pour m'évader, je me faisais la belle, mais je l'aimais entre les barreaux, je ne voyais Héléna que chez elle, et j'ai peu de souvenirs, moi qui n'oublie rien.

Tantôt Héléna marche dans le soleil, la veille de mon mariage («Tu es sûr de vouloir te marier?» m'avait alors demandé ma mère à qui j'aurais dû répondre) ; parfois elle me sourit tristement devant l'aéroport de Biarritz où j'étais venu, comme un clandestin, la rejoindre une demi-heure. Il y a des jours où elle lève, en souriant, les bras au ciel, et des nuits où elle tourne la tête en plissant le front. Parfois elle déambule sans grâce, habillée comme un sac, au milieu des stèles et des tombeaux. Tantôt elle dit «je t'aime» au téléphone, juste avant de raccrocher, comme on arrache un cheveu et qu'on regarde l'autre ensuite en implorant la réciproque ou, à défaut, le pardon.

C'est à peu près tout.

J'aimais Héléna, mais à la folie seulement, et j'ai encore, dans sa bouche, l'odeur de la vodka. Je l'ai quittée, c'est un mystère. J'ai quitté ses jambes, son regard et sa voix. Je l'ai quittée comme si le temps ne passait pas. Elle survit en moi comme un vieux monde possible, une épave de printemps, un kilo dans le cœur. Je pense, donc je fuis. Je pense mes blessures. Mais j'ai mal, quand même, dès que possible.

Je suis le vieux de l'avenir, le faux imposteur. Je suis l'albatros pataud, le maladroit surdoué qui rend les filles mélancoliques alors qu'il aimerait juste qu'on le suce.

Quand j'étais en terminale, le cours de philosophie sur Emmanuel Kant était attendu comme la roulette du dentiste. *Critique de la raison pratique*, *Critique de la faculté de juger*... Le seul titre de ses ouvrages était un effort et semblait dire que cet homme-là n'était jamais content. Ouvrir un livre de Kant, c'était entrer dans les ordres, pénétrer, bien au frais, la Basilique Saint-Pierre de Rome : chaque page était un vitrail en papier bible, chaque titre une énigme : *Fondements de la métaphysique des mœurs*, *Anthropologie du point de vue pragmatique*, « esthétique », « analytique », « dialectique transcendantale », *Prolégomènes à toute métaphysique future*, etc., etc. Révérence, terreur et curiosité : les syntagmes barbares perdaient leur sens le temps de parcourir le chemin qui allait de la page à mes yeux. Je lisais Kant, en français, comme dans une langue étrangère, au style grimaçant, aux phrases à rallonge. Comprendre Kant, c'était comme escalader l'Everest en petite tenue. Kant, l'armure de Berlin, c'était l'Allemand qui parle chinois.

Mais Kant était en bas : il habitait sur la première étagère, au-dessus du chauffage. Je n'avais qu'à lever le bras, et hop !

Kant était à portée de main.

Je posais l'index, le majeur et l'annulaire sur la tranche supérieure du pavé que, d'une pichenette à trois doigts, je sortais de son fourreau pour l'ouvrir au hasard (« ce sera toujours ça de lu »). Je me souviens, comme d'un enfer désiré, d'un jour de campagne passé sous une table à m'enfiler, douleur exquise, des pages entières de la *Critique de la raison pure*. Bizarrement, je ne voulais pas de témoin.

Pourquoi faut-il qu'un penseur indispensable soit un écrivain absurde ? Pourquoi le Dieu des philosophes est-il le cauchemar des apprentis ? Mon Kant à moi n'est pas un maître mais un contremaître, une figure de l'autorité conquise à coups de jargon sur les esprits sans caractère.

À l'époque, au contraire, je regardais comme des demi-dieux ceux qui, à les croire, aimaient et comprenaient Kant. Comment un cerveau assez puissant pour déchiffrer ces hiéroglyphes germaniques pouvait-il ne pas être génial? Kant était incompréhensible, et la vénération naît souvent de l'ignorance : l'obscurité promettait le mystère, la chiasse verbale garantissait le génie. Comme un enfant s'endort, la veille d'une interro, le livre ouvert sur le ventre en espérant qu'un peu de son contenu passera dans la nuit par les pores de sa peau, je lisais Kant en me disant qu'un beau jour les mots finiraient par délivrer leur sens emprisonné et que, pour apercevoir le soleil, il fallait d'abord se mettre la tête dans les nuages.

Kant, c'est le type bien dont je ne suis pas l'ami. Je l'ai en tête, mais je ne l'ai pas dans la peau. C'est le nouveau-né dont, officiellement, on s'extasie, mais auquel on trouve, en secret, une sale gueule. C'est la femme qui vous dit qu'elle vous aime, qu'elle vous adore même, et qui s'endort, le soir, en vous tournant le dos.

Emmanuel Kant est le plus grand penseur de l'humanité (ce qui fait de lui, somme toute, un géant de petite taille). Kant, c'est Monsieur monde-entier, c'est l'humain par excellence – ou par définition – qui, jusqu'au régicide, voit en l'homme une exigence supérieure de modestie, de courage, de tolérance et de progrès. Le philosophe aux épaules étroites, aux mains pures, à la poitrine concave porte en lui, comme un devoir, la faculté d'universel qu'il étend jusqu'au premier venu. Dans son système ouvert, l'homme n'est jamais achevé, le savoir et l'ignorance ne sont jamais absolus, et Dieu est à jamais l'inévitable inconnu. Le génie de Kant lui vient du sens commun ; s'il est original, c'est d'avoir renoncé à ce qui le distingue d'autrui. Poser, comme il le fait, des limites à la science, remplacer le savoir par l'objectivité, c'est abolir les frontières qui séparent les hommes. Si Dieu est hors d'atteinte, si la chose en-soi n'est pas de ce monde, si la foi cesse d'être une injonction, alors le fanatisme s'estompe face au dialogue, et la certitude capitule devant la raison. Bien sûr, le monde entier n'est pas tout le monde, et l'humanité, cette humilité, n'est pas à la portée de tout un chacun ; il n'a jamais suffi d'être un homme pour être un humain, et il est bien plus facile d'être sceptique ou dogmatique, que humble et audacieux... mais tout homme a les moyens, au début comme au soir de la vie, de transformer les certitudes en questions et d'échanger le sentiment de savoir contre la nécessité d'apprendre. Alors, la connaissance, la morale et le salut redeviennent, à jamais, des problèmes, la vérité redevient une question, et la vertu un vœu pieux. Alléluia.

Kant, c'est l'ennui maximal.

C'est à moi que j'en veux quand c'est lui que je hais ; c'est à l'enfant modèle qui reçoit comme la pierre de Rosette un exemplaire des *Réflexions sur l'éducation* avec pour seul conseil : « Lis ça, mon petit agneau, tu verras, c'est beau tellement c'est génial. » Kant, c'est la partie de moi-même qui croit qu'il suffit d'être bien-pensant pour bien penser, qui préfère la vérité à l'erreur et la bonne conscience aux questions de bonne foi, la partie de moi-même avec laquelle je ne sais pas faire la paix et qui me suit comme une ombre vexée de n'être plus ma vie.

Comment se fait-il qu'un feu artificiel soit toujours moins agréable que le crépitement du vrai bois ? Que des cheveux savamment décoiffés n'aient jamais la grâce incertaine d'un visage au réveil ? D'où vient l'espèce de suspicion qui entoure la chirurgie esthétique ? Qu'est-ce qui fait qu'un bouquet sublime de fleurs en plastique n'arrive pas à la tige d'un seul véritable coquelicot ? Pourquoi l'adjectif « artificiel » est-il péjoratif ?

La beauté de la nature est un discours sans mots, une évidence illisible, une intention secrète (ce que Kant, pensant aux nuages, appelle une « finalité sans fin »). Du coup, l'art authentique, l'art véritable *doit* comporter une part de naturalité qui échappe à sa source. L'art est à lui-même sa propre fin ; le respect des règles a moins d'importance que leur invention perpétuelle : « La nature était belle, dit-il, lorsqu'en même temps elle avait l'apparence de l'art ; et l'art ne peut être appelé beau que si nous sommes conscients qu'il s'agit d'art et que celui-ci prend cependant pour nous l'apparence de la nature. »

En préférant la nature incertaine à l'art organisé, en accordant miraculeusement l'imagination et l'entendement, Kant libère l'artiste de l'emprise fastidieuse de l'esprit sur le cœur. Et quelle meilleure façon de magnifier le monde que de mettre l'artifice en sourdine et de confondre, à nouveau, les satellites et les étoiles filantes, les baisers d'acteurs et les baisers d'amour, un réverbère et la pleine lune, la musique et la compassion, l'orage et la colère des dieux, le ciel et la voûte céleste, les nuages et les gâteaux de chocolat blanc ?

Il est vingt heures, le ciel s'éteint, la nature se déshabille, l'océan soupire, la lune fait une entaille et scintille au son du rossignol. Trois chauves-souris s'élancent pour leur premier repas et papillonnent sous une varicelle d'étoiles.

Le bonheur n'est pas la joie, car le bonheur fait la guerre à la tristesse que la joie tolère et embellit. La vraie joie, enseigne Nietzsche, est connaissance de la douleur.

Nietzsche fit ses premiers pas à Roecken, où il est né d'un père migraineux et d'une mère casse-pieds, le 15 octobre 1844, jour de la fête du roi. Après la mort de son père, tombé du haut d'un perron sur l'angle d'une marche, la famille alla s'installer dans la ville voisine de Naumburg-sur-Saale, puis Nietzsche devint lycéen à Pforta, acheva ses études à Bonn avant d'enseigner à Bâle où il s'était vu confier, comme il était très doué, la chaire de philologie à l'âge de vingt-cinq ans, et d'où il se rendait régulièrement à Triebschen, au bord du lac des Quatre-Cantons, rendre visite à Richard et Cosima Wagner. Il a traversé comme ambulancier Wissembourg, Strasbourg, Lunéville, Rezonville, Sedan et Nancy. Plus tard, c'est en malade qu'il visitera Lugano, Mannheim, Nuremberg, Steinabad, Menton, Sorrente, Monaco, Nice, Gênes ou Hambourg, dînant presque partout d'un morceau de gâteau et d'une tasse de cacao dégraissé, amoureux surtout des chemins qui l'éloignent du but qu'il ne s'est pas fixé. « Parviendrai-je jamais ? se demande-t-il. Doute sur doute, le but est trop loin, et si je réussis à l'atteindre, alors j'aurai consumé le meilleur de moi-même, je serai libre et languissant, comme un éphémère au crépuscule. » L'ermite sillonna le Jura, arpenta la Forêt-Noire et connut son premier chagrin à Bayreuth. Il a vu la lumière en Engadine, il s'est effondré à Venise, il a échoué à Gênes, il a parcouru Messine, Grünewald, Tautenbourg et Leipzig, il a cherché le calme à Nervi, Portofino, Chiavari,

Rapallo, Santa-Margharita, puis à Rome, où il tomba amoureux, pour le meilleur et le pire, de Lou Salomé dont il accouchera d'un enfant imaginaire appelé Zarathoustra. C'est à Weimar qu'il lut les *Pensées* de Pascal, et à Lucerne que Lou refusa de l'épouser... C'est à San Remo qu'il découvrit Dostoïevski, à Venise qu'il décida d'écrire *La Volonté de puissance*, et c'est à Munich, sur la route qui mène en Toscane, que le goy errant choisit de quitter l'Allemagne à jamais. On raconte que celui dont la conscience avide exaspérait les contemporains fut même un instant tenté par la Corse, mais Nietzsche est un nomade plus qu'un insulaire et, le 6 avril 1888, il échoue à Turin, où il découvre les Lois de Manou, se met à jouer du piano avec les coudes puis expire trois chefs-d'œuvre dans un souffle avant d'embrasser, en pleine rue, les naseaux d'un cheval que frappait un charretier. D'abord interné à Bâle, il fut reconduit chez sa mère, à Naumburg, puis mourut de nouveau, en plein midi, le samedi 25 août 1900, dans la villa Silberblick, sur les pentes de Weimar, à quelques arpents de la maison de Goethe. C'est au lieu de sa naissance, dans un cimetière paroissial, à côté de son frère et de ses parents, contre le mur de l'église où il a été baptisé, que repose le meurtrier de Dieu, prophète, à ses heures, de l'éternel retour.

Comme un bateau ivre qui prend la haute mer sans autre boussole que l'envie de s'échouer ailleurs qu'ici, le gros René Descartes ne traque la vérité qu'à la condition d'y parvenir. Au début de ses *Méditations métaphysiques*, le philosophe sans pied à terre n'est encore qu'un vagabond méthodique, un fou en liberté, un amnésique volontaire, un savant sans bagage qui entreprend – parce qu'il le vaut bien – d'abandonner tous les préjugés qui tiennent lieu de savoir. Bientôt, Descartes apercevra la terre ferme du haut de son moi et pourra tenter de « marcher avec assurance en cette vie », mais, pour l'heure (méditation première), c'est le regard méfiant de l'âme instable, c'est le clair-obscur et c'est l'esprit, bras tendus, qui titube et tâtonne à l'ombre d'Aristote, c'est un homme courageux qui accepte l'incertitude en choisissant de tenir pour faux ce qui n'est pas certain. Jusqu'ici, le sol tangue, tout va bien, Descartes est en mouvement, il doute, il avance, il se noie, jusqu'à ce que – pan ! – il croise un récif, une bouée pleine de vent : la certitude d'exister. L'esprit peut douter de tout, sauf du fait qu'il doute, et que doutant, il existe. En matière de pensée, trop de prudence est un risque supérieur à l'audace : si Descartes détruit le moindre préjugé, c'est pour lui substituer la certitude – infondée – de n'avoir pas douté pour rien. Il est de ceux qu'épouvante l'abîme et que noient les verres d'eau. Comme les personnages de *Matrix*, sortis d'un monde imaginaire auquel ils croyaient dur comme fer, mais qui, tout en sachant combien les apparences sont trompeuses, ne doutent jamais d'être enfin, cette fois-ci, dans le monde véritable, Descartes est un sauteur à l'élastique, un amateur de films d'épouvante qui joue à se faire peur avant de rallumer la lumière et de passer un coup d'éponge sur la table. Descartes, c'est la fin de la liberté, la défaite de l'insomnie, du vertige et de la vigilance devant la certitude, l'espérance, le sommeil et la mort. Je suis, j'existe, donc. Voilà qui n'est pas douteux (comme si, pour penser, il fallait être). La porte de l'abîme est close dès la deuxième journée de méditation : c'est là, Monsieur le Juge, que tout a commencé, c'est ainsi qu'on a substitué, par lâcheté, le mensonge capital d'une identité fixe à la glorieuse incertitude des nomades.

Descartes marche droit, les mains sur les hanches, d'un pas ferme et assuré, Nietzsche titube, heureux de se contredire. Descartes est un conquistador qu'un voyage bien organisé conduit aux rives d'un nouveau monde prêt à l'invasion. Nietzsche, c'est la face cachée du soleil, une autre histoire d'idées obscures, de mauvaises intentions et d'impressions travesties par le récit qu'on en fait. «En réalité, dit-il, çà et là quelqu'un joue avec nous – le cher hasard : il mène notre main à l'occasion, et la providence la plus sage ne saurait inventer plus belle musique que celle qui réussit à notre main insensée.»

M'est avis qu'après Descartes bien des fous ont choisi d'abjurer le songe, de baisser les armes pour être, finalement, raisonnables. Ses biographes racontent que Descartes était un lève-tard. Ce qui est certain, c'est que sa pensée n'est pas celle d'un insomniaque, mais d'un homme qui, pour le meilleur, peine à fermer les yeux avant, pour le pire, de s'endormir d'un sommeil de plomb.

On dit qu'en philosophie les questions sont plus essentielles que les réponses, que c'est la quête qui compte. Mais si la philosophie est «amour de la sagesse», ce n'est que pour autant qu'elle s'en garde. L'objet du désir ne supporte pas l'étreinte, l'amour s'estompe dans la possession; on est toujours déçu quand on est satisfait, quand on est sage, dit Platon, on ne philosophe pas. Toute philosophie où les questions l'emportent sur l'affirmation part donc d'une misosophie. Qu'il fasse, comme Platon, de l'idéal un au-delà, ou de la vérité une étoile vers laquelle on peut, au mieux, tendre le doigt, l'amour de la sagesse la maintient à distance. Vouloir être sage, c'est se l'interdire. Personne n'est moins sage et ne désire moins la sagesse que celui, justement, qui *veut* l'être, et qui, faisant de la sagesse un objet du vouloir, en fait un fruit trop vert qu'on digère sans qu'il nous coupe la faim. Faire de la sagesse une idée, c'est aussi en faire un objet de consommation. Si on aime ce qu'on ne possède pas, comment serait-il sage d'aimer la sagesse? L'amour de la sagesse est un amour fou.

Mieux vaut habiter le doute et vivre au hasard que se donner un but et mourir d'y arriver. Plutôt l'errance que le voyage organisé. Une ligne droite n'aura jamais la finesse des dents de scie. Le monde est clair et le monde va de soi. L'éclaircir encore n'est pas le comprendre, mais le méconnaître. Plutôt la joie malgré le monde, plutôt la sagesse de l'amour que l'amour de la sagesse.

Vivre pour la vérité n'est pas vivre pour de vrai.

Vivre pour de vrai, c'est (éventuellement) se gratter le dos et s'apercevoir en le grattant que, s'il grattait autant, c'est qu'il grattait déjà depuis longtemps.

C'est d'un jour qu'on te parle, et de celui-là même qui est en train de s'enfuir.

Vue d'en haut, la Terre ressemble à une grosse fesse que strient des montagnes en croûte et des villes eczéma où les hommes se rendent, lentement, d'un petit point à l'autre dans un cube mobile, avant de regagner pour la nuit leur maison de poupée. Comment prendre au sérieux ces villes d'insectes, ce panorama de dominos? Et si la Terre avait la lèpre? À quoi bon cette promenade dans le silence, cette aventure minuscule où nous allons vaillamment de la douleur à l'ennui avant de mourir, demain peut-être, bientôt sûrement? L'homme en avion saisit d'un coup d'œil ce que l'intelligence, parce que le cœur ne l'admet pas, construit laborieusement.

Puis l'avion redescend. Les maisons grossissent, insensiblement, les arbres grandissent, les voitures accélèrent, la Terre s'aplatit. Chaque chose reprend la taille *qu'on lui connaît.* Le passager quitte le panorama pour entrer dans le décor. L'avion roule sur le tarmac, le monde est à portée de vue, l'habitude de vivre reprend le témoin. Le voyageur plie son journal et rallume son portable. Il se lève. Il est en retard, il n'a plus le temps. Comme un hamster qu'attend sa roue l'homme a, de nouveau, les pieds sur Terre. L'atterrissage est une traversée du Léthé. Il suffit de redevenir une fourmi pour oublier qu'on en est une. Les hommes préfèrent spontanément le bonheur à la vérité. Aucun n'ignore de quoi le monde est fait, mais tous s'entendent à ne pas en parler. Personne ne doute de mourir un jour, mais tout le monde fait *comme si.* L'homme est une femme docile qui dit à la machine : « Fais-moi ce que tu veux, mais laisse-moi penser que je le décide. »

Quand je pense au temps passé à lutter contre des moulins à vent, je me dis que si chaque instant était employé à sa juste mesure, la vie serait démesurée.

Mais pourquoi ne pas dilapider, puisqu'il est éphémère, le trésor d'une vie ? Quelle raison a-t-on de ne pas fuir ce qui est pour adorer ce qui n'est pas ? Pourquoi ne pas croire qu'une vie rêvée nous attend ailleurs comme le salaire de la malchance ici-bas ? Pourquoi diable ne pas reprocher à Dieu d'être méchant ? Pourquoi garder les pieds sur terre quand on peut s'agenouiller ou s'envoyer en l'air ? N'est-il pas commode de croire qu'on détient, comme l'envers du décor, la vérité que les puissants (ou les « juifs ») nous dissimulent ? N'est-il pas rassurant de se dire qu'avant c'était le bon temps ? Pourquoi descendre aux enfers quand on a les paradis artificiels ? Pourquoi voir clair quand on peut voir double ? Pourquoi les causes, plutôt que les symptômes ? Pourquoi la psychanalyse ? Pourquoi lire Freud ou Spinoza, quand on peut croire en Dieu, manger Prozac ou fumer cannabis ? Pourquoi savoir, au lieu d'ignorer ? À quoi bon le doute ? Pourquoi admettre que le réel est une prison sans barreau et que, quoi qu'on fasse, nous sommes faits ?

Je ne sais pas. Ça dépend.

Pour ma part, je m'apprête à soutenir l'idée que l'existence n'a rien d'une conquête sur le néant, que ce n'est pas la philosophie qui donne des raisons de vivre mais la vie qui donne des raisons de penser et que, sans savoir si la vie est absurde on sait, au moins, qu'il est absurde de lui donner un sens. Ce n'est pas plus bête qu'autre chose.

À l'aide du jugement des saints et des anges, nous excluons, chassons, maudissons et exécrons Baruch de Spinoza avec le consentement de toute la sainte communauté bla, bla, bla... Nous le maudissons comme Elie maudit les enfants et avec toutes les malédictions que l'on trouve dans la Loi, bla, bla, bla... Qu'il soit maudit bla, bla, bla... Veuille l'Éternel ne jamais lui pardonner, bla, bla, bla... Que son nom soit effacé dans ce monde et à tout jamais, bla, bla, bla.

Il faudrait qu'un jour un homme de théâtre invente l'unique visite que rendit le jeune Leibniz, alors conseiller de l'électeur de Mayence, à Spinoza moribond, dans son deux-pièces du Paviljoensgracht. Nous sommes en 1676. Spinoza, rongé par la phtisie, n'a plus qu'un an à vivre. Son visage émacié qu'un sourire adoucit se plisse, à chaque œil, d'un bon millier de rides quand il pose sur le visiteur vêtu comme à la Cour le bon regard des artisans sans illusions. Leibniz, lui, n'a pas trente ans ; il est déjà physicien, diplomate, philosophe et svelte comme, souvent, les ambitieux. Ses manières ont la fierté courtoise des enfants modèles, des jeunes cons bien élevés ; il ne cesse, j'imagine, d'interrompre Spinoza pour dire combien il l'écoute.

Le 27 juillet 1656, l'année 5416 du calendrier hébraïque, trois jours avant l'anniversaire de la destruction du temple, le conseil des anciens de la communauté juive d'Amsterdam prononce l'exclusion du grand Spinoza. Pour son bonheur, l'hérétique n'a que vingt-quatre ans – soit la vie devant lui – quand sa famille lui tourne le dos. Pour avoir décrit un univers dont l'homme n'est plus le centre et qu'il dépouille de tout ce que, par crainte, nous avons la crédulité d'y voir, Spinoza va prendre tous les coups, de l'insulte au poignard. Mais une telle victime n'a pas besoin d'avocats. On ne plaide pas la cause de la surface de l'eau après le naufrage d'un navire. Le réel n'est pas à protéger ; comment blesser celui qui reste humble même quand on lui marche dessus ? Spinoza, c'est la vie ; tout homme qui lui en veut s'accuse d'abord lui-même. Seules les bonnes sociétés peuvent se payer le luxe de laisser impunis les hommes qui déplaisent, un philosophe ne perd pas grand monde quand il est banni ; l'indignité qui le frappe disqualifie ses procureurs. J'avoue, néanmoins, qu'il me plaît de donner parfois aux juges imbéciles de Spinoza des visages familiers.

Gottfried-Wilhelm Leibniz est né en 1646, en pleine guerre de Trente Ans, dans le meilleur des mondes possibles, au début de l'été. Son père, dont il était l'espoir et la fierté, raconte que, le jour de son baptême, des témoins dignes de foi virent le nouveau-né mettre spontanément la tête en arrière pour s'offrir à l'eau divine. Leibniz aurait pu, sans contradiction, naître à un autre moment, être conçu dans une autre chapelle par d'autres parents, comme une autre personne, mais l'univers *possible* – l'univers *bis* – où Leibniz n'est pas lui-même aurait été moins bon que le nôtre puisque, de fait, ce n'était pas celui-là que Dieu avait choisi de porter sur les fonts.

À quatre ans, Leibniz apprenait à lire, tout seul, dans le grand livre de l'Histoire universelle allemande.

À sept ans, il déchiffrait sans dictionnaire le premier volume de l'*Histoire romaine* de Tite-Live.

À douze ans, le singe a lu Cicéron, Sénèque, Pline, Hérodote, Xénophon, Platon, Plotin, Luther, Érasme, les arminiens, les thomistes, les jansénistes, les ouvrages de controverse.

À treize ans, il compose, pour la Pentecôte, un poème de trois cents hexamètres sans la moindre élision et se prend à rêver, à la lecture d'Aristote, d'un alphabet des pensées humaines qui, par la combinaison des lettres et l'analyse des mots, permettrait – pourquoi pas ? – de tout découvrir.

L'homme-cerveau qui, plus tard, sera philosophe, géologue, philologue, géographe, linguiste, sinologue, logicien, juriste, métaphysicien, généalogiste, mathématicien, diplomate, bibliothécaire et d'abord courtisan n'a pas quinze ans quand il finit par entrer à l'université.

En 1714, enfin, l'ancêtre de la géologie, de la morphodynamique, du structuralisme, de l'individualisme libéral, du calcul infinitésimal et du meilleur des mondes possibles, accouche d'un diamant appelé *Monadologie*, une synthèse enchantée de vingt et une pages et quatre-vingt-dix propositions où repose la totalité de son système, de la monade – l'atome de substance infiniment simple dont tout est fait – jusqu'au gouvernement parfait du Dieu bon. «Y a-t-il rien de plus juste que de faire servir l'extravagance à l'établissement de la sagesse ? » se demande-t-il en pondant, pour épilogue, un livre où le vertige ne vient pas de l'ignorance, mais de la raison, d'une rationalité folle qui, du plus infime au plus élevé, exprime l'harmonie préétablie que recouvrent les apparences du chaos. Sous chaque fait nouveau c'est un autre qui se dévoile, et de raison en raison tout s'ordonne et s'arrange, jusqu'à la cause ultime. L'amour de Dieu dépend de notre aptitude à saisir les vérités éternelles, les merveilles de la nature, la structure des animaux ou les causes de l'arc-en-ciel, et à parler des nombres surtout, comme on parlerait du Bien ou du Mal.

L'*Éthique* de Spinoza dilate la sensibilité quand elle s'adresse à l'intelligence : les chiffres lui donnent un gros ventre, des hanches saillantes et un visage osseux, mais l'élan vital infuse, comme un supplément d'âme et dans un même mouvement, la matière qu'elle déshabille, sans pitié, sous nos yeux. Dans l'*Éthique*, c'est le vocabulaire de la quantité qui mène allègrement jusqu'à la vie tout entière. C'est le nombre qui montre le soleil. L'*Éthique* est bouleversante avec ses pieds carrés : on dirait un puzzle vivant qui, une fois achevé, ne laisserait plus apparaître le tracé des mille pièces qui le constituent. Mathématicien, Spinoza, géomètre ? Peut-être. Mais la mathématique est irriguée par un sang doux ; l'*Éthique* palpite. L'*Éthique* n'est pas expansive, mais elle est tendre. Elle enchante, elle démystifie, elle prend de la hauteur sans que l'air se raréfie, elle crée la joie en détruisant l'espoir, elle atteint les cimes en renonçant à l'au-delà. Elle est, puissante et délicate, le livre austère des grands vivants. Ce qui compte n'est pas la destination, mais la démarche. Le bon soldat qui regarde à dix pas, droit devant, ne voit pas grand-chose, et prend – si c'est un homme – ce qui échappe à son regard pour autant de mondes parallèles. Le philosophe qui, à l'inverse, marchant comme il respire, se promène sans but, devient le témoin favori de la réalité toute crue, et découvre, radieux, que la joie repose sur la lucidité.

Parce qu'il «choisit» le meilleur des mondes possibles, le Dieu de Leibniz est une promesse d'outre-tombe, une pincée de libre arbitre dans l'absinthe d'un monde sans but, un déterminisme au goût de liberté, qui remonte le temps pour atténuer l'amertume d'avoir déjà vécu. Comme un enfant qui voudrait s'envoler avec le cerf-volant que son père, de guerre lasse, a fini par lui offrir, Leibniz parle d'«harmonie préétablie», de «finalité», de «choix du meilleur» pour défendre l'idée que Dieu «choisit», malgré tout, le monde qu'il ne peut pas ne pas choisir. Tel la CGT feignant d'organiser, en Mai 68, les événements qui lui échappent, le Dieu de Leibniz feint de vouloir le monde qui lui échoie. Leibniz ne reproche à Spinoza d'enseigner une nécessité aveugle, de refuser la bonté et la volonté à l'auteur des choses que pour mieux recouvrir lui-même l'indifférence divine d'un vernis volontariste.

Pour Leibniz, le monde devait être comme il est, mais aurait pu, en droit, être autrement; pour

Spinoza, ce monde ne pouvait pas être autre qu'il n'est, et il est tout entier tout ce qu'il peut être. Mais l'espèce de nécessité qui contraint le Dieu de Leibniz au choix du meilleur des mondes possibles n'est, de fait, rien d'autre que la nécessité brute et géométrique du Dieu de Spinoza. Certes, le meilleur des mondes possibles l'emporte aux dépens des autres, alors que le seul monde possible existe tout seul. Leibniz et Spinoza ont en commun de regarder le monde tel qu'il est, à la différence que Leibniz se console en voulant croire qu'il *devait* en être ainsi, tandis que Spinoza admet, dans la joie, qu'il ne *pouvait* en être autrement. Entre un monde dont le désordre n'est que la perception confuse de l'harmonie et un monde dont l'énigme ne renvoie qu'à elle-même, entre le meilleur des mondes possibles et le seul monde possible, entre le bon Dieu et le non-Dieu, l'unique différence est de vocabulaire : sans cela, le jour de votre naissance continuerait d'être, *après* votre naissance, moins nécessaire que le théorème de Pythagore.

Il faut partir du tout, et non des éléments. Dieu n'a pas planté, une à une, les pâquerettes qui ornent la prairie, ni piqué les étoiles qui scintillent sur la voûte. Dieu n'est pas un ouvrier, Dieu ne travaille pas. Dieu, c'est-à-dire l'existence, précède la «volonté» de Dieu. À la lumière d'un Dieu bien compris, éternel contemporain de lui-même, stable comme l'instant présent, cause immanente et non plus transitive du monde, l'acte précède la puissance. Aussi n'est-ce pas *pour* parvenir à la vertu que Spinoza s'abstient du plaisir, mais c'est *parce qu*'il est vertueux que le plaisir lui semble superflu. Qui commence par jouir sur le chemin de la connaissance finit par s'abstenir sans se priver. C'est aussi la raison pour laquelle il est absolument impossible d'arrêter de fumer, à moins – tout bêtement – de le faire. La liberté n'est ni l'entêtement du bon vouloir, ni un pas de côté dans l'entrelacs des causes et des effets, mais l'autorité d'un argument, la victoire du beau geste qui ne s'explique pas. L'esclave (qui s'ignore) prétend faire ce qu'il veut; l'homme libre ne demande qu'à être ce qu'il fait. «La liberté, dit Jankelevitch, n'est pas une exception négative dans la trame du déterminisme, elle est une positivité créatrice; elle ne modifie pas l'arrangement des parties mais délivre la matière par une décision révolutionnaire. L'homme est toute liberté comme il est tout devenant : il est une liberté à deux pattes, qui va, qui vient, qui parle et qui respire.»

«C'était mon destin», se dit à lui-même, au soir de la vie, l'homme qui a le sentiment d'être passé à côté (après avoir longtemps cru qu'il était l'unique origine de ses actes). C'était mon destin... Autrement dit, au soir de la bataille, dans l'esprit du condamné, l'essence précède l'existence et tout était écrit. Dieu a mis au jour, arbitrairement, sans le consulter, parmi une infinité de trajectoires possibles, celle qui fut la sienne. La fin de la vie rend leibnizien. S'il n'a pas eu de grand amour, c'est que Titus lui a piqué la femme de sa vie, s'il est tombé par terre, c'est la faute à Voltaire, s'il n'a pas été au second tour de la présidentielle, c'est la faute à Chevènement. Il lui est, certes, impossible d'avoir eu une autre vie que la sienne, mais cette vie, la vie vécue, n'était elle-même qu'un possible parmi d'autres dans lequel l'insatisfait a été mal loti, bradé à l'étal des voies de la providence... Foutaises. Qui dit «c'était mon destin» (ou bien «c'était écrit») dit aussi «j'aurais pu, mais c'est pas ma faute». L'hypothèse du meilleur des mondes possibles est un shampoing double effet qui adoucit les peines et nourrit le cerveau. Elle rend tolérable la vie qu'on a eue, tout en rendant «possible» la vie qu'on n'aura pas. C'est l'unique façon dont un homme dispose, au présent, d'agir sur le passé, de la même manière que l'avenir, toujours possible, agit sur le présent (ou «passé de demain», comme dit Bergson). Elle organise le chaos, et conjure le sentiment de n'être que la somme de ses actes. Mais comme dit Spinoza (quand il devient Sartre) : «Un homme s'engage dans sa vie, dessine sa figure, et, en dehors de cette figure, il n'y a rien. Évidemment, cette pensée peut paraître dure à quelqu'un qui n'a pas réussi sa vie. Mais d'autre part, elle dispose les gens à comprendre que seule compte la réalité, que les rêves, les attentes, les espoirs permettent seulement de définir un homme comme rêve déçu, comme espoir avorté, comme attente inutile.»

Spinoza réduit le possible au réel, Leibniz étend le réel au possible. Spinoza apprend à vivre sans le sédatif de l'espoir, Leibniz apprend à survivre en espérant pour de faux.

En élevant les mondes imaginaires à la dignité de mondes possibles, Leibniz réhabilite le rêve et donne aux prisonniers de quoi s'évader sans vraiment fuir, tandis qu'en guérissant les hommes de l'orgueil, Spinoza les prive de l'héroïne céleste qui les dispense d'assumer leurs échecs.

Certes, les autres mondes possibles de Leibniz sont moins bons que le nôtre – puisqu'ils n'existent pas – et il serait absurde de désirer une autre vie que la sienne, mais Leibniz est un esprit fantasque, dont l'envie de croire ressemble à l'envie d'être heureux.

L'univers de Spinoza est un enfer sobre dont chaque instant peut être un miracle ; le monde de Leibniz est un pays rêvé, une cigarette du matin, l'exil d'un instant vers des lieux enchantés. Le Dieu de Spinoza se confond avec toute chose, mais le Dieu de Leibniz est une bibliothèque où seraient contenues toutes les histoires.

Spinoza, c'est le réel. Leibniz, c'est l'homme.

Et quel homme n'a jamais fumé ni fait le moindre rêve éveillé ? Qui est libre ? Qui n'est pas faible ?

Quel homme n'a ni regret, ni espoir ? Pourquoi se refuser le moyen commode de justifier ses échecs par une injustice divine, voire d'imaginer, comme en rêve, la possibilité (passée) d'une autre vie que la sienne, alors qu'il suffit, pour cela, de croire avec Leibniz que les choses existent un peu en puissance avant d'exister pleinement en acte ? En distinguant, à tort, ce qui est absolument nécessaire de ce qui aurait pu être différent, Leibniz se met, par erreur, à la portée de nos cœurs vacillants : preuve, s'il en est, qu'on peut se tromper sans avoir tout à fait tort, ni être hors sujet.

L'*Éthique* est une histoire infinie dont chaque paragraphe dit tout.

La *Monadologie* est une cathédrale dont chaque pierre, comme un océan miniature, exprime en secret la totalité providentielle dont elle participe.

Spinoza raisonne parfois si vite qu'à le suivre on sent le vent ; Spinoza, c'est quand l'air est si doux que même les gens ont l'air sympathique.

Leibniz, c'est le Figaro de Beaumarchais, qui peut écrire tout ce que lui chante, « sous l'inspection de deux ou trois censeurs », tant qu'il ne parle en ses écrits de «personne qui tienne à quelque chose». C'est Mac-Mahon qui demande à ses concitoyens de voter pour les candidats qu'il «recommande à leurs libres suffrages».

Spinoza, c'est Bernard Pautrat, son traducteur et mon ami, qui me parle d'amour, de jalousie, de partouze ontologique devant un grand verre de Pauillac. C'est Albert Camus qui comprend, au jardin Boboli, qu'au cœur de sa révolte «dormait un consentement».

Leibniz, c'est Nicolas Grimaldi, qui «éprouve le réel comme un déchet du possible» et sa vie «comme le succédané de tant d'autres vies» dont elle l'a privé.

Spinoza, c'est Clément Rosset, «l'ami du présent qui passe», à qui «le futur et le passé seront donnés par surcroît».

Leibniz, c'est une baleine qui mange les étoiles.

Spinoza, c'est une amie de temps en temps, une jeune fille blonde aux fesses rondes et nues qui se met sur la pointe des pieds pour attraper des lunettes et ouvrir, à deux heures du matin, un volume de la Pléiade en faisant la gueule, ce qui la rend irrésistible.

Leibniz l'adolescent face à Spinoza le vieil enfant. La gloire de sa famille face à la honte de sa communauté. L'architecte et l'ermite. Brutus et César. Monsieur tout-ou-rien contre Monsieur tout-ou-presque. D'un côté, celui qui ne renonce pas ; de l'autre, celui qui accepte. Il arrive qu'un disciple ne soit pas à la hauteur de son maître, mais alors ils forment, à eux deux, un homme tout entier. À vous de voir si vous préférez la sagesse de l'un ou la fantaisie de l'autre : il y a des philosophes pour chaque moment de la vie. Sachez qu'on ne lit pas Spinoza sans devenir adulte, mais qu'on ne revient pas à Leibniz sans, comme il dit, « réveiller en nous tous les enfants endormis ».

Leibniz, c'est le destin.
Spinoza, c'est ainsi.

«Tu es devenu con, me dit mon père, le jour où tu as *choisi* la philosophie contre la littérature.»

«Avec ce connard de Bergson, me dit Luc Ferry, et ton Spinoza pour touristes, tu as *choisi* une voie de garage.»

Ils ont tort, l'un et l'autre, de croire que j'ai «choisi», ils «rêvent les yeux ouverts», aurait dit Spinoza : on ne choisit pas sa famille.

Quand j'étais petit, je m'enfermais à double tour dans une pièce moisie sous un soleil de plomb pour y surligner, la tête dans les mains, des penseurs vénérables et serrer contre mon cœur les pages parcourues comme un homme tronc collectionne, tout content, les raquettes de tennis. Lire un livre, c'était faire semblant, c'était allumer un ventilateur pour sentir le souffle du vent. À treize ans, je jouais au philosophe comme on joue au docteur. Je tâtais du concept. Je touchais les manuels. Je citais Kierkegaard en public. J'ouvrais les vieux livres au hasard en faisant craquer leurs volumes d'airain. Les philosophes étaient comme les cigarettes, le café ou le vin, ces hormones de croissance que prennent les enfants pour vieillir plus vite et dont, après les avoir trouvés dégoûtants, on découvre tout d'un coup qu'on les adore sans qu'ils aient, le moins du monde, changé de saveur. La philosophie est une drôle de compagne, que j'ai prise à regret. Un mariage arrangé dont je me suis arrangé.

Un jour que je traînais avec mon père dans l'arrière-salle d'une librairie de livres anciens, il tomba sur la première édition du *Raphaël* de Lamartine. «Tiens, regarde...» Pour montrer que je savais les gestes, je tendis des mains jointes, paumes en l'air comme un pénitent reçoit l'hostie, et j'ouvris le livre en silence. La main gauche tenait à l'horizontal le volume que je calais sous mon cœur en avançant l'épaule tandis que, du bout des doigts – le majeur dans l'axe du regard –, la main droite, pliée comme une patte de chien, maintenait le livre ouvert à la page que je lisais d'une voix pleine de ferveur. « C'est sublime, hein Papa ? – Tu parles ! C'est de la littérature de merde. C'est mielleux, c'est mièvre, on dirait qu'il téléphone à sa mère à chaque page ! – Ah, bon ? C'est pas sublime ? – Ah, non, c'est pas sublime, c'est parfumé. Je préfère Henry Miller. Quand un livre sent le parfum, c'est qu'il est dégoûtant par en dessous. »

La bibliothèque de mon père était une mosaïque de rectangles inégaux, couchés ou verticaux, qui ressemblait aux lignes d'archers que les généraux disposent avant la bataille. Cent quinze étagères comme autant de créneaux, d'où des vieillards en papyrus, des tuteurs ombrageux brandissaient, immobiles, un titre de gloire. Descartes, Cioran, Diderot, Deleuze et Derrida pressés comme des citrons sans eau entre des planches vernies ; Sollers, Michel Serres, Soljenitsyne et Styron raides comme la punition, face au radiateur du couloir ; Vialatte, Vaillant et Van Ersel couchés les uns sur les autres ; Katherine Mansfield en sandwich entre Matisse et Henry Miller, Nabokov écrabouillé par Catherine Nay sous l'œil d'Atala, Athalie et Attali… C'était l'armée du savoir.

Impossible d'aller pisser sans jeter, chaque fois, sur les bouquins le coup d'œil distrait du prisonnier qui détaille, faute de voir le monde, les sillons du mur en face de lui. Je m'agenouillais à un bout du couloir, j'appuyais ma joue contre la peau sèche des étagères et, le menton dressé, je regardais le haut des livres en plissant les yeux pour me faire plus petit. Les mêmes incertitudes m'attendaient chaque fois, posées là, sans réponse : Est-ce que Scholem était cordonnier ? Comment les parents Wells ont-ils pu appeler leur fils « H.G. » ? Quel est le nom de famille de Victor Serge ? Quel est le prénom de Catherine Clément ? Est-ce que Léo Strauss est aussi le musicien qui mange des viennoiseries ? Est-ce que Breton est breton ? Qui est plus fort, Zohar ou Zola ? Bataille ou Bergson ? Salinger ou Sohravardi ? Est-ce que Drieu la Rochelle, c'est l'histoire de la ville ? etc.

Mon père rentrait en général du bureau à l'heure du « Bébète show », ce qui lui valait, tous les jours, l'indifférence des siens. Après avoir signifié son mécontentement d'un « Tu m'écoutes, mon petit bonhomme ? » grinçant, il retournait au salon dans un soupir, persuadé – à juste titre – de gagner sa vie pour des ingrats, et il exhumait de sa grosse mallette quelques «chefs-d'œuvre ab-so-lus» qu'il s'agissait alors, à la fin de Collaro, pour se faire pardonner, de ranger avec lui. «Tiens, mon chéri, celui-là tu vas le mettre entre *Bérénice* et *Le Diable au corps*. – Le diable au corps, c'est une sorcière? – Non, c'est un pauvre diable.» Les livres s'intégraient, comme par enchantement, à des étagères déjà pleines à craquer : les volumes immuables finissaient toujours par s'écarter assez pour que le nouveau venu se fît une place dans le caveau. C'était un miracle. De la place dans le plein. Comme les petits papiers qu'on glisse en secret dans la pâte à modeler du mur des lamentations.

Quand tout était rangé, mon père s'enfermait dans la salle de bains, et je m'asseyais dans le couloir, de l'autre côté de la porte, à l'ombre des étagères, pour jouer avec lui au grand jeu des questions.

– Papa, tu m'entends?
– Oui, M'siou!
– Qui a écrit… *Le Rouge et le Noir*?
– Staindal.

– Non, c'est Standal !

– Ça s'écrit « Standal », mais on dit « Staindal ». Stendhal est le nom d'un village allemand… C'est son pseudonyme.

– C'est quoi un pseudonyme ?

– C'est un faux nom.

– Comme un mensonge ?

– Non. Comme un déguisement.

– Et qui a écrit… « Raymond parmi tant guérin d'autres feux » ?

– Raymond Guérin.

– Et qui a écrit… *Cahiers* ?

– Paul Valéry.

– C'est pas possible, tu triches !

– Mais non, regarde, j'ai presque fermé la porte. Je t'ai dit : Papa sait tout.

– Et tu sais combien font douze millions fois l'infini fois mille-vingt-deux millions quatorze ?

– Euh… Oui.

– Ça fait combien ?

– Je le sais, mais je te dirai pas.

– Moi je sais pas. Et qui a écrit… *Correspondance* ?

– Où ça ?

– Troisième étagère, deuxième colonne, en partant du salon.

– Euh… C'est Flaubert.

– Non, c'est Flaubert-Sand !

– Oui, c'est pareil.

– Non, c'est pas pareil. Y a écrit Flaubert-Sand.

– Ça va… Fais pas chier. C'est l'échange de lettres entre Gustave Flaubert *et* George Sand !

– Et c'est qui, George Sand ?

– C'est un écrivain.

– C'est un génie, lui aussi ?

– Bof.

– Il est plus fort que Flaubert ?

– Non.

– Et il a écrit quoi ?

– Euh… *Correspondance.*

– Avec Flaubert ?

– Exactement.

– Et qui a écrit… *Œuvres Complètes* ?

– Où ça ?

– Un, deux, trois, quatrième étagère en partant du bas, un, deux, trois, quatre, cinq, six, septième colonne, deuxième rangée, côté cabinets.

– Alfred de Musset.

– Non, c'est « D'Alfred de Musset » !..

– Ouais, d'accord.

– Tiens, t'as vu ? Y en a un qui a fait une faute. Il a écrit *La Sonate à Kreutzer*, au lieu d'écrire « la sonate *de* Kreutzer ».

– Très bien, mon chéri.

– Et Bayreuth, c'est à Beyrouth ?

– Hein ? Non, c'est à Bayreuth.

– Et c'est où ?

– C'est en Allemagne, par là.

– Et c'est bien ?

– Quoi ?

– Bayreuth.

– C'est mieux que Beyrouth. Parce qu'à Beyrouth il y a la guerre, et à Bayreuth, il y a Wagner.

– Et *Le Petit Prince* ?

– Quoi, *Le Petit Prince* ?

– C'est bien, *Le Petit Prince* ?

– Non, mon chéri, c'est un livre fasciste.

– Et c'est qui, Vaguenère ?

– C'est un musicien très ennuyeux et très méchant.

– Et c'est un génie ?

– Demi-génie.

– Et Vitejanstain ?

– Ah, ah, ah ! On dit Vitt-gueune-chtaïne ! C'est un grand penseur qui dit des choses très bizarres qu'on peut pas comprendre, mais c'est un génie quand même.

– Les génies, c'est des gens qu'on peut pas comprendre ?

– Parfois.

– Alors, comment on sait que c'est des génies ?

– Parce que c'est eux qui nous comprennent.

– Et qui a écrit... *Milosse par Milosse* ?

– Milosz.

– Et qui c'était, Lèbnize ?

– Non, pas Lèbnize, Laïbnits ! C'était un grand philosophe qui était toujours content. Dès qu'il y avait un malheur, il répondait : « C'est pas grave, ça pourrait être pire. »

– Et même si on lui volait tout son argent ?

– Même si on lui volait tout son argent. C'était un op-ti-miste.

– Et qui a écrit *Cahiers de l'hermétisme* ?

– *Cahiers de l'hermétisme* ? Où ça ?

– Dans le salon, près de la fenêtre, en bas.

– *Cahiers de l'hermétisme*... Tiens, je ne sais pas.

– Ha, ha ! C'est Pa-ra-celse.

– Ah, oui ! Paracelse, bien sûr, c'est le cousin de Parachute.

– Il sautait des avions ?

– Non, il volait comme Batman.

– Il était hyper fort, alors ?

– Hyper fort.

– Et est-ce que Gipé Vernant, c'est le frère de Jules Verne ?

– Pas du tout. C'est son ho-mo-nyme.

– Ils étaient amoureux ?

– Non, ils ont juste des noms qui se ressemblent.

– Et c'est qui, le bohôce ?

– Le bohôce ?

– Ben oui, le BO-HHHÔCE.

– Ah, ah… Ça se prononce le Baowhâousse ! C'est de l'architecture très moche avec des meubles mauves et des immeubles vilains.

– Et c'est qui, Spinoza ?

– C'est un grand philosophe qui a écrit un chef-d'œuvre qui s'appelle l'*Éthique*.

– C'est quoi, un chédeuvre ?

– C'est un grand livre.

– Mais, celui-là, il est petit.

– Parfois les grands livres sont des livres tout petits.

– C'est comme maître Yoda.

– Exactement.

– Il est tout petit, mais en fait, il est hyper fort.

– Arrête de dire « hyper ».

– Mais toi, tu l'as dit, tout à l'heure.

– Impossible.

– Et, dans l'*Éthique*, ça raconte quoi ?

On n'a jamais trop bien compris, mais c'est très important.

Bien sûr, la première fois qu'on lit l'*Éthique*, on est franchement déçu. Imaginez Euclide romancier : cinq mouvements répartis sur quatre-vingt-quinze mille deux cent soixante-sept mots, dix-sept axiomes, soixante-quinze définitions, mille cinq cent vingt-quatre paragraphes et deux cent cinquante-neuf propositions (sans compter les démonstrations, scolies, appendices et préfaces, à peine plus lisibles et non moins fastidieux), qui vont de la nature de Dieu à la liberté de l'homme en passant par l'esprit, les états d'âme et la servitude... Pour quoi faire, ces phrases bizarres, pleines de chiffres, et l'obscure logique d'un monde où les hommes ne sont plus que des «lignes», des «plans» et des «solides»? À quoi bon les renvois incessants, les axiomes, lemmes, postulats, «cause de soi», «volonté», «entendement», «attributs», «modes finis», «substance» et ce Dieu qui, pour tout dire, ne ressemble à rien? Au commencement, l'*Éthique* a une sale tête et dit des choses désagréables. Dans l'*Éthique* (comme partout ailleurs) le crime paie, la vertu se passe de principes et l'élégance n'a pour salaire que la beauté du geste. Aucune morale, aucune providence n'ordonne la mécanique aveugle et inclusive du réel comme il devient. Et pour cause : c'est en guérissant de la vénération, en décrivant un univers sans rien qui rassure et qui mente que le plus beau livre du monde prétend nous rendre libres, sceptiques, savants et joyeux.

Certains lecteurs, partis vaillants, referment le pavé, tels des malades vexés d'avoir pris la lumière du couloir pour celle du petit matin. Mais le mal est fait, c'est le meilleur qui les attend. Reprenez l'*Éthique* et vous verrez. L'*Éthique* est une allée de lumière à qui le lit deux fois. Ce qui semblait immobile avait le tort d'aller trop vite. Bientôt, la vie s'étend sous cette face de plâtre et tout s'y enchaîne sans contrainte : on peut la prendre par le milieu, c'est une danse ouverte, la valse inventive et rigoureuse des amants qui se ménagent. Quand on remet les pieds dans le marais géométrique, le déplaisir cède insensiblement la place à un bonheur stupéfiant, une merveille de joie calme qui dissipe les mystères en préservant les énigmes et répond, sans mot dire, d'un sourire à la colère. Dans le seul monde possible le bonheur n'est pas un lieu, mais l'état dans lequel on se trouve dès qu'on apprend quelque chose. L'*Éthique*, c'est le livre dont vous êtes le héros. Vous croyez lire un livre ; en fait, c'est lui qui vous comprend.

Comment vivre ? Comment habiter l'existence sans être habité par le regret d'en partir bientôt ? Contentez-vous de vivre et vous vivrez contents : à moins d'être fumeur ou de mourir de faim, qui vit selon le manque ignore ce qu'il a sous la main. La mort n'est pas le contraire de la vie, mais le contraire de la naissance ; la vie n'est pas un tonneau percé mais un élan sans miroir. Ce qui est ne peut pas ne pas être, mais on peut donner de l'espoir aux hommes sans qu'ils deviennent des animaux. Le monde est si vaste qu'il inclut les sottises qu'on dit à son sujet : on peut désirer le meilleur sans renoncer au médiocre, on peut aimer la vérité en fréquentant l'imaginaire, on peut jouir de tout sans être un porc, on peut croire en Dieu sans être un âne, on peut être heureux quand on aime à la folie. La joie ne demande pas qu'on renonce à la foi. Ce qui trompe l'ennui n'est pas mauvais, l'illusion n'est pas un délit mais un début de connaissance. Les demi-joies, les faux réconforts et les pièges, Spinoza les accueille, Spinoza dit oui. Telle une île intelligente qui permet, en un point d'elle-même, de la voir tout entière, l'*Éthique* aime le détail autant que la loi ; rien de ce qui existe ne lui est étranger, l'*Éthique* n'a pas d'ennemis. Comme un début sans fin, éternellement en joie, l'*Éthique* peut tout entendre, l'*Éthique* accepte tout : c'est un livre qui fait la paix.

Le vent ne souffle plus mais le soleil est calme. À l'horizon pointe une goélette, toutes voiles dehors. J'imagine qu'à son bord on entend seulement le bruit de l'eau, le cri des mouettes et le craquement du bois.

Il est midi.

Cap Nègre, décembre 2006.

Les citations en italiques dans le texte sont issues de l'œuvre de Simone de Beauvoir (p. 145), Henri Bergson (p. 81), Emil Cioran (p. 109), Vladimir Jankelevitch (pp. 75 et 127), Friedrich Nietzsche (pp. 65 et 97), Clément Rosset (p. 39) et Sénèque (p. 169).

Achevé d'imprimer en janvier 2007
par ***Bussière***
à Saint-Amand-Montrond (Cher)

Cet ouvrage a été composé en Plantin par Palimpseste à Paris

35-33-3445-0/01

ISBN 978-2-213-63205-6

Dépôt légal : janvier 2007.
N° d'édition : 80701. – N° d'impression : 070009/1.

Imprimé en France